T0300970

دليل المقاييس
والاختبارات النفسية والتربوية
الجزء الثاني
مقاييس المهارات، المقاييس المهنية،
المقاييس الشخصية، المقاييس الاجتماعية

رقم التصنيف: 370.15
المؤلف ومن هو في حكمه :د. أحمد عبد اللطيف أبو أسعد
عنــوان الكتــاب :دليل المقاييس والاختبارات النفسية والتربوية- الجزء الثاني
رقم الإيــــداع: 2007/12/3813

الموضوع الرئيسي: الإرشاد التربوي/ علم النفس التربوي / القياس والتقويم / الاختبارات المدرسية / الأطفال/ رعاية الطفولة / التعلم

* تم إعداد بيانات الفهرســة والتصنيف الأولية من قبل دائرة المكتبة الوطنية

الطبعة الثانية

مركز ديبونو لتعليم التفكير

عضو اتحاد الناشرين الأردنيين

عضو اتحاد الناشرين العرب

يطلب هذا الكتاب مباشرة من مركز ديبونو لتعليم التفكير
عمّان- شارع الملكة رانيا- مجمع العيد التجاري - مبنى 320- ط4
هاتف: 962-6-5337003، 962-6-5337029
فاكس: 962-6-5337007
ص. ب: 831 الجبيهة 11941 المملكة الأردنية الهاشمية
E-mail: info@debono.edu.jo
www.debono.edu.jo

دليل المقاييس والاختبارات النفسية والتربوية

الجزء الثاني

مقاييس المهارات، المقاييس المهنية،
المقاييس الشخصية، المقاييس الاجتماعية

تأليـف

الدكتور / أحمد أبو أسعد

الناشر
مركز ديبونو لتعليم التفكير

بسم الـله الرحمن الرحيم

﴿ قَالُوا سُبْحَانَكَ لَا عِلْمَ لَنَا إِلَّا مَا عَلَّمْتَنَا إِنَّكَ أَنْتَ الْعَلِيمُ الْحَكِيمُ ﴾

صدق الـله العظيم

(سورة البقرة: 32)

المحتــــويات

كتاب دليل المقاييس والاختبارات النفسية والتربوية

الجزء الثاني

المواضيع التي يتضمنها الجزء:

- ◄◄ مقاييس المهارات.
- ◄◄ المقاييس المهنية.
- ◄◄ المقاييس الشخصية.
- ◄◄ المقاييس الاجتماعية.

المقدمة

مقدمة الطبعة الثانية :

لا شك أنه لا يمكن حصر جميع المقاييس في كتاب واحد، ولكن راعى المؤلف في هذا الجزء أن يتحدث عن مجالات مختلفة من المقاييس تفيد قطاعات مختلفة من الأخصائيين والتربويين والمهتمين، حيث يركز هذا الكتاب على مقاييس للمرشدين كمقياس الحاجات الإرشادية، ومقياس رضا المسترشد عن العملية الإرشادية .وعدد متنوع من المقاييس السلوكية التي تعنى بسلوك الناس وتصرفاتهم في المواقف المختلفة ومن الأمثلة على تلك المقاييس مقياس بيركس ومقياس التمرد ومقياس السلوك الاندفاعي ومقياس النشاط الزائد .حيث اهتم هذا الجزء بالتطرق لمجموعة متنوعة من المقاييس التحصيلية والعقلية كمقياس حصر الطلبة السمعيين والبصريين، ومقياس الكشف عن الطلبة الموهوبين، والذكاءات المتعددة، ورسم الرجل والدافعية للتعلم، كما اهتم بمقاييس تعنى بطلبة صعوبات التعلم مع العلم أنها لا تعنى بالتشخيص ولكن بالكشف الأولي من أمثلتها قوائم الرصد وسلالم التقدير.

كما أن هذا الجزء تناول مجموعة مختارة من المقاييس الزواجية الأسرية كمقياس إمبو لأساليب المعاملة الوالدية، واتجاهات التنشئة الأسري، وممارسة الإساءة الوالدية، واتجاهات الشباب نحو الزواج، ومقياس التكيف الزواجي والرضا الزواجي.

إن هذا الكم الكبير من تلك المقاييس يقدم للقارئ الكريم فرصة بحيث يبدأ بتطبيق المقاييس في مجال تخصصه، لقد اعتمد المؤلف على أن يشتمل كل مقياس من تلك المقاييس على طريقة تطبيقه وتصحيحه وتفسيره، كما قدم المؤلف مقدمات بسيطة عن معظم تلك المقاييس تفيد في التعرف على معنى المفهوم.

ولا يسعى المؤلف وهو يقدم المقدمة للطبعة الثانية لهذا الجزء إلا أن يشكر كل من قام ببناء أي مقياس من تلك المقاييس، أو ترجمته، أو تعريبه للبيئة العربية، ويود المؤلف أن يذكر أنه تم اختيار تلك المقاييس والاختبارات لكونها تتمتع بصدق وثبات مناسبين، ولكونها تتحدث عن مفاهيم نفسية وتربوية واجتماعية وأسرية مهمة وحديثة.

المؤلف

مقاييس المهارات

أولاً: مهارة حل المشكلات

يقصد "بالمهارة" عدة معان مرتبطة، منها: خصائص النشاط المعقد الذي يتطلب فترة من التدريب المقصود، والممارسة المنظمة، بحيث يؤدى بطريقة ملائمة، وعادة ما يكون لهذا النشاط وظيفة مفيدة. ومن معاني المهارة أيضا الكفاءة والجودة في الأداء. وسواء استخدم المصطلح بهذا المعنى أو ذاك، فإن المهارة تدل على السلوك المتعلم أو المكتسب الذي يتوافر له شرطان جوهريان، أولهما: أن يكون موجها نحو إحراز هدف أو غرض معين، وثانيهما: أن يكون منظما بحيث يؤدي إلى إحراز الهدف في أقصر وقت ممكن. وهذا السلوك المتعلم يجب أن يتوافر فيه خصائص السلوك الماهر. (آمال صادق، وفؤاد أبو حطب، 1994م ص330).

ويعرف كوتريل (1999, 21) Cottrell المهارة بأنها: القدرة على الأداء والتعلم الجيد وقتما نريد. والمهارة نشاط متعلم يتم تطويره خلال ممارسة نشاط ما تدعمه التغذية الراجعة. وكل مهارة من المهارات تتكون من مهارات فرعية أصغر منها، والقصور في أي من المهارات الفرعية يؤثر على جودة الأداء الكلي. ويستخلص عبد الشافى رحاب (1997م، ص213) تعريفا للمهارة بأنها "شيء يمكن تعلمه أو اكتسابه أو تكوينه لدى المتعلم، عن طريق المحاكاة والتدريب، وأن ما يتعلمه يختلف باختلاف نوع المادة وطبيعتها وخصائصها والهدف من تعلمها".

هناك العديد من التعاريف لمفهوم المشكلة Problem، فالمشكلة كما عرفها (سميث) (Smith) حسبما ذكرت أمل التل بأنه: موقف يسعى فيه الفرد للبحث عن وسائل فعالة للتغلب على عائق أو عوائق تحول دون الوصول لهدف ذي قيمة.

ويتفق غالبية علماء النفس على أن المشكلة عبارة عن سؤال أو موقف، أو خبرة، يبعث على الحيرة أو الإرباك يواجه شخصا معينا في وقت ما، ويتطلب منه هذا الموقف اتخاذ قرار أو بناء خطة حل أو استخدام أسلوبه في المعالجة إزاء ذلك الموقف، وقد يشكل احد المواقف أو الخبرات في وقت ما مشكلة لشخص معين بينما لا يعتبر مشكلة لشخص آخر في الوقت نفسه، وقد لا يشكل مشكلة للشخص نفسه بعد مرور فترة زمنية معينة. (وفاء، 1986)

وقد ذهب هبنر (Heppner, 1982) إلى أنه مهما كانت درجة تعقيد المشكلة التي يواجهها الطلبة، فإن التخطيط لحلها يمر في خمس مراحل أساسية هي: التوجه العام نحو المشكلة General Orientation، ثم تعريف المشكلة Problem Definition، ثم توليد البدائل الممكنة للحل Generation of Alternations، ثم اتخاذ قرار يتعلق بالبدائل الفاعلة Decision Making، وأخيرا تقييم النتائج Evaluation. ويقترح برانسفورد وشتاين (Bransford and Stein,1984) أنموذجا موضحا في كتابهما (The Ideal Problem Solving) وقد ضمنا نموذجهما في حروف كلمة (Ideal) الإنجليزية: إذ دل الحرف (I) على (dentifying Problems) أي التعرف على المشكلة والشعور بها، والحرف (D) تحديد المشكلة (Defining Problems) والحرف (E) اكتشاف البدائل والحلول (Exploring Alternatives) والحرف(A) اختبار البدائل (Acting on a Plan) والحرف (L) اعتبار النتائج (Looking The Effects).

ماذا أفعل؟ سؤال نطرحه على أنفسنا أمام العديد من المواقف التي تواجهنا في الحياة اليومية ويواجهها المسترشدين، ونتيجة لعملية تفاعله واحتكاكه اليومي بين الناس، تنشأ مواقف متعددة ومتنوعة، بعضها يتم تقبلها ويستطيع التعامل معها، وبعضها الآخر يقف حائرا أمامها، كأن يقف حائرا يبحث عن وسيلة يوازن فيها بين رغبته في اختيار التعليم المهني ورغبة والده في التوجه إلى التعليم الأكاديمي.

المشكلة هي: موقف لا نستطيع القيام فيه باستجابة مناسبة، أو عقبه تحول بيننا وبين تحقيق الهدف.

الحل هو: التخلص من هذه العقبة، أو طريقة التفكير للتحرك من واقع ما نريد.

أهمية تعلم مهارة حل المشكلات:

- أحيانا تتزايد المشاكل في حياة الإنسان ولا يجد من يساعده فيها.
- أحيانا يحتاج الشخص إلى اتخاذ قرارات سريعة.
- أحيانا يخضع الشخص لقرارات حاسمة ومصيرية ولا يمكن لأحد أن يقرر فيها غيره.

ويفيد هذا المقياس أيضا في التعرف على المجالات التي يتمكن منها الطلبة في حل المشكلات وقدرتهم على ذلك، وبالتالي قدرتهم على التعامل مع الظروف الجديدة التي قد تطرأ عليهم.

يتضمن المقياس التالية عبارات تصف الطريقة التي يستخدمها الناس عادة في التعامل مع مشكلات الحياة اليومية، يرجى قراءة كل عبارة وبيان مدى انطباقها على طريقتك الخاصة في حل المشكلات وذلك بوضع إشارة (✖) مقابل العبارة في العمود المناسب، إن هذا المقياس ليس اختبارا للتحصيل أو الشخصية، بل هو أداة تساعدك في معرفة أسلوبك في تناول المشكلات.

يرجى الإجابة بدقة وأمانة، شاكرا لتعاونك.

الرقم	الفقرة	تنطبق بدرجة كبيرة	تنطبق بدرجة متوسطة	تنطبق بدرجة بسيطة	لا تنطبق أبدا
-1	انظر إلى المشكلات كشيء طبيعي في حياة الإنسان	4	3	2	1
-2	أعمل على جمع المعلومات حول المشكلة التي تواجهني	4	3	2	1

الرقم	الفقرة	تنطبق بدرجة كبيرة	تنطبق بدرجة متوسطة	تنطبق بدرجة بسيطة	لا تنطبق أبدا
-3	أفكر بالجوانب الايجابية والسلبية لكافة الحلول المقترحة	4	3	2	1
-4	أفكر بكافة البدائل التي قد تصلح لحل المشكلة	4	3	2	1
-5	أركز انتباهي على النتائج الفورية للحل وليس على النتائج البعيدة	1	2	3	4
-6	اعتقد بان لدي القدرة على التعامل مع مشكلات الحياة اليومية	4	3	2	1
-7	أحاول تحديد المشكلة بشكل واضح	4	3	2	1
-8	أجد من الصعب التفكير في حلول متعددة للمشكلة	1	2	3	4
-9	احصر تفكيري بالجوانب الايجابية للحل الذي أميل إليه	1	2	3	4
-10	اختار الحل الأسهل بغض النظر عما يترتب على ذلك	1	2	3	4
-11	استخدم أسلوبا منظما في مواجهة المشكلات	4	3	2	1
-12	عندما أحس بوجود مشكلة فإن أول شيء افعله هو التعرف على ماهية المشكلة بالضبط	4	3	2	1
-13	أجد تفكيري منحصرا في حل واحد للمشكلة	1	2	3	4

-14	احصر تفكيري بالجوانب السلبية للحل الذي أميل إليه	1	2	3	4
-15	احرص على تقييم الحلول بعد تجريبها في الواقع	4	3	2	1
-16	أجد صعوبة في تنظيم أفكاري عندما تواجهني مشكلة	1	2	3	4
-17	احرص على استخدام عبارات محددة في وصف المشكلة	4	3	2	1
-18	أجد نفسي منفعلا حيال المشكلة إلى درجة تعيق قدرتي على التفكير	1	2	3	4
-19	أحاول التنبؤ بما سوف تكون عليه النتائج قبل أن أتبنئ حلا معينا	4	3	2	1
-20	أعيد النظر في الحلول بعد تطبيقها بناء على مدى نجاحها	4	3	2	1
-21	عندما تواجهني مشكلة فإنني أتصرف دونما تفكير	1	2	3	4
-22	أتفحص العناصر المختلفة للموقف المشكل	4	3	2	1
-23	اسأل الآخرين عن رأيهم لكي أتعرف على الاحتمالات المختلفة للحل	4	3	2	1

15

-24	اختار الحل الذي يـرضي الآخـرين بغـض النظـر عـن فاعليته	1	2	3	4
-25	عندما يكون حلي للمشكلة غير نـاجح فـإنني أحـاول معرفة سبب ذلك	4	3	2	1
-26	أحرص على تأجيل التفكير في أية مشكلة تواجهني	1	2	3	4
-27	عنـدما تـواجهني مشـكلة لا اعـرف بالضـبط كيـف احددها	1	2	3	4
-28	لدي القدرة على التفكير بحلول جديدة لأية مشكلة	4	3	2	1
-29	أفكر بما يمكن أن يترتب على الحل في المدى القريـب والبعيد	4	3	2	1
-30	أصر على تنفيذ الحل الذي توصلت إليه حتى عنـدما يظهر لي فشله في حل المشكلة	1	2	3	4
-31	أتجنـب التحـدث في الموضـوع الـذي تـواجهني فيـه المشكلة	1	2	3	4
-32	لا اعرف كيف اصف المشكلة التي أواجهها	1	2	3	4
-33	عندما تواجهني مشكلة أفكر بكافة الحلـول الممكنـة قبل أن أتبنى واحدا منها	4	3	2	1

-34	أضع خطة لتنفيذ الحلول المناسبة	4	3	2	1
-35	ينتابني شعور بالغضب والعصبية عندما أجد أن الحل الذي توصلت إليه كان فاشلا	1	2	3	4
-36	ينتابني شعور باليأس إذا واجهتني أية مشكلة	1	2	3	4
-37	عندما تواجهني مشكلة لا أعرف من أين أبدأ بحلها	1	2	3	4
-38	عندما تواجهني مشكلة فإنني استخدم في حلها أول فكرة تخطر على بالي	1	2	3	4
-39	عندما تواجهني مشكلة فإنني اختار الحل الأكثر احتمالا للنجاح	4	3	2	1
-40	عندما تواجهني مشكلة فإنني لا اشغل نفسي بتقييم الحلول التي أتوصل إليها	1	2	3	4

طريقة التصحيح وتفسير النتائج:

- عدد فقرات المقياس (40) فقرة، ويفضل تطبيقه على الأطفال فوق عمر عشر سنوات.
- تحسب الدرجات الفرعية على المقياس على النحو التالي:

-1 التوجه العام: تقيسه الفقرات (36/31/26/21/16/11/6/1)

-2 تعريف المشكلة: تقيسه الفقرات (37/32/27/22/17/12/7/2)

3- توليد البدائل: تقيسه الفقرات (38/33/28/23/18/13/8/3)

4- اتخاذ القرار: تقيسه الفقرات (39/34/29/24/19/14/9/4)

5- التقييم: تقيسه الفقرات (40/35/30/25/20/15/10/5)

- تتراوح الدرجة الكلية على المقياس بين (40-160)
- تتراوح كل درجة فرعية بين (8-32)
- تفسير العلامات على المقياس كالتالي:

(40-80) مؤشر على نقص في مهارة حل المشكلات

(80- فما فوق) كفاءة في حل المشكلات. (حمدي، 1998، ب)

ثانياً: مهارة تنظيم الوقت

تفيد هذه القائمة في مساعدة الطلبة للتعرف على مدى قدرتهم في تنظيم أوقاتهم خلال اليوم، وقدرتهم على عمل برنامج دراسي، وتوزيع الأوقات في مجالات عدة، ويمكن من خلالها عمل برنامج إرشادي لتنمية مهارة تنظيم الوقت لدى الطلبة وقياس تقدم الطلبة في ذلك.

إن فوائد تنظيم الوقت السليم فورية وكبيرة، منها:

- تحقيق نتائج أفضل في العمل.
- تحسين نوعية العمل.
- زيادة سرعة إنجاز العمل.
- التخفيف من ضغط العمل.
- تقليل عدد الأخطاء الممكن ارتكابها.
- زيادة المرتب.
- تعزيز الراحة في العمل.
- تحسين نوعية الحياة غير العملية (كلير أوستن، بلا تاريخ).

أما أنواع الوقت: وقت يصعب تنظيمه، وقت يمكن تنظيمه، بالمقابل فإن مضيعات الوقت هي: المضيعات الشخصية، المضيعات الخارجية (القعيد، بلا تاريخ).

وقد ارتبط مفهوم تنظيم الوقت في البداية بشكل كبير بالعمل الإداري حيث أطلق عليه اسم إدارة الوقت. (سبياني، 1998) وفي الحقيقة إن مفهوم إدارة الوقت من المفاهيم المتكاملة الشاملة لأي زمان ومكان، فإدارة الوقت لا تقتصر على إداري دون غيره، ولا يقتصر تطبيقها على مكان دون غيره، فمفهوم إدارة الوقت يشتمل أيضا على

إدارة الوقت الخاص، إضافة على إدارة وقت العمل. والوقت الخاص هو الوقت المتبقي من ساعات اليوم بعد انتهاء فترة العمل المحددة. (العدي، 1988) ولهذا فقد ارتبطت كلمة الإدارة بالوقت سواء كان وقت العمل أو الوقت الخاص، من خلال وجود عملية مستمرة في التخطيط والتحليل والتقييم المستمر لكل النشاطات التي يقوم بها الشخص خلال فترة زمنية محددة، تهدف إلى تحقيق فعالية مرتفعة في استغلال هذا الوقت المتاح للوصول إلى الأهداف المنشودة. (سلامة، 1988) وقد ذكر شانالدر (Chandler) أنه يمكن لأي طالب أن يقوم بعمل متقن ورائع من خلال التنظيم الفعال لوقت كما أن بإمكانه المشاركة في النشاطات الاجتماعية والترويحية التي هي ضرورية للصحة النفسية.

مقياس مهارة تنظيم الوقت

أخي / أختي الطالب:

فيما يلي قائمة لمجموعة من الفقرات الهدف منها قياس مهارة تنظيم الوقت سوف تستخدم هذه الأداة للتعرف على مستوى تنظيم الوقت لديك، يرجى بيان درجة انطباق كل فقرة من هذه الفقرات عليك، علماً بأن تنظيم الوقت هو (القدرة على استغلال الوقت بكفاءة أعلى بحيث ينتج الفرد أكثر في وقت أقل وبدرجة مناسبة من الإتقان).

لا تنطبق أبدا	تنطبق بدرجة بسيطة	تنطبق بدرجة متوسطة	تنطبق بدرجة كبيرة	الفقرة	الرقم
4	3	2	1	لدي وقت كافي للترويح عن النفس	1-
1	2	3	4	كثيراً ما أكون في عجلة من أمري	2-
1	2	3	4	أعمل طوال الوقت ولا أستريح	3-
4	3	2	1	اهتم بتوفير الوقت للنشاطات الاجتماعية	4-
4	3	2	1	أخصص وقتاً محدداً لدراسة كل مادة دراسية	5-
4	3	2	1	أخصص أوقات محددة لمراجعة دروسي	6-
4	3	2	1	استخدم أوقات الفراغ خلال اليوم الدراسي	7-
4	3	2	1	فترات الدراسة لدي كافية لإنجاز الواجبات الدراسية	8-
1	2	3	4	يطغى وقت النشاطات الاجتماعية لدي على وقت الواجبات والأعمال الأخرى	9-
4	3	2	1	لدي برنامج منتظم من الوجبات الغذائية	10-
1	2	3	4	يلاحظ الآخرون عادة بأنني في عجلة من أمري	11-
4	3	2	1	أحافظ على مواعيدي بدقة	12-
1	2	3	4	لدي وقت فراغ طويل نسبياً	13-
1	2	3	4	أتناول وجبات الطعام بسرعة كبيرة	14-
1	2	3	4	ألبس ملابس على عجل	15-

21

الرقم	الفقرة	تنطبق بدرجة كبيرة	تنطبق بدرجة متوسطة	تنطبق بدرجة بسيطة	لا تنطبق أبدا
-16	هناك علاقة إيجابية بين الوقت الذي أقضيه في العمل والإنجاز الذي أحققه	1	2	3	4
-17	أقوم بعمل واحد في وقت واحد فقط	1	2	3	4
-18	أنام الساعات التي أحتاجها	1	2	3	4
-19	أجد صعوبة في تقرير الذي سأفعله بعد انتهاء المهمة التي تشغلني	4	3	2	1
-20	أقضي في الدراسة عدد ساعات كالتي يمكن أن أقضيها في ممارسة أي عمل آخر أحبه	1	2	3	4
-21	دراستي منضمة في فترات يتخللها فترات للراحة	1	2	3	4
-22	أجد صعوبة في إجبار نفسي على إكمال عمل معين في فترة معينة	4	3	2	1
-23	أقضي كثير من الوقت في قراءة موضوعات أخرى غير دراسية بحيث لا يبقى لدي وقت لإكمال دروسي	4	3	2	1
-24	عندما أكون تحت ضغط زمني لإعداد واجب مدرسي بتاريخ محدد فإنني أقبل دعوة أحد الأصدقاء أو الأقارب لأحد النشاط الترويحية.	4	3	2	1

-25	عمل برنامج دراسي منظم يفيدني	1	2	3	4
-26	أتبع برنامجاً زمنياً محدداً في نشاطاتي الروتينية	1	2	3	4
-27	أقضي وقت أطول في دراسة المواد الأصعب من الوقت الذي أقضيه في دراسة المواد الأسهل	1	2	3	4
-28	كثيراً ما أذهب إلى المدرسة دون إكمال واجباتي المدرسية	4	3	2	1
-29	أعمل على زيادة فترات الدراسة في أيام الامتحانات وأتنازل عن بعض النشاطات الاجتماعية والترويحية	4	3	2	1
-30	كثيراً ما أقوم بتأجيل واجباتي المدرسية	4	3	2	1

طريقة التصحيح وتفسير النتائج:

- عدد فقرات المقياس (30 فقرة).
- الدرجة الكلية على المقياس تتراوح بين (30 – 120) ويفضل تطبيق المقياس على الطلبة من الصف الثالث أساسي فما فوق. والمقياس بعد واحد ولا يوجد له مجالات.
- يدل اقتراب الدرجة من الحد الأدنى (30) على نقص في مهارة تنظيم الوقت واقتراب الدرجة من الحد الأعلى (120)على امتلاك الطالب لمهارة تنظيم الوقت بطريقة فعالة، والمتوسط هو (75). (مسمار، 1993)

ثالثاً: مهارة الاتصال

تفيد هذه القائمة في تعريف المرشد في المهارات التي يمتلكها الطلبة في الاتصال سواء اللفظي وغير اللفظي وبالتالي تطوير هذه المهارات فيما بعد، بما يناسب عمر الطالب وقدرته.

إن مصطلح التعبير والتواصل قد يكون متداول بين الكثير من الناس ولكنه غير مفهوم أو غير مطبق، وذلك لارتباطه بالجانب التقني أو باختصاص دراسي فني، وقد يحتاج لدراسة متعمقة حتى يصبح سهلا وقابلا للتطبيق.

وقد كان السمع في كثير من آيات القرآن الكريم مقدما على باقي الحواس في الذكر لتبيان عظم خطر هذه الحاسة، ولذا كان هو أول ما يسأل عنه العبد يوم القيامة يقول اللـه تعالى: (وَلَا تَقْفُ مَا لَيْسَ لَكَ بِهِ عِلْمٌ إِنَّ السَّمْعَ وَالْبَصَرَ وَالْفُؤَادَ كُلُّ أُولَئِكَ كَانَ عَنْهُ مَسْئُولًا)(الإسراء: 36)، والسمع: هو حس الأذن وما وقر فيها من شيء أي أننا نمارس هذه الحاسة أحيانا بدون وعي فإذا اجتمع مع الاستماع وعي يكون الإصغاء وهو سماع الأذن والقلب.

الاتصال اصطلاحا: عملية نقل المعلومات والرغبات والمشاعر والتجارب، إما شفويا أو باستعمال الرموز والكلمات والصور والإحصائيات، بقصد الإقناع أو التأثير على السلوك، وأن عملية النقل هي بحد ذاتها هي عملية الاتصال. (الجردي،1998، 1993) وهو نقل أو توصيل أو تبادل الأفكار والمعلومات. (أبو عرقوب،1993)

فيما يلي مقياسا للوقوف على الأساليب التي تستخدمها للتواصل مع الآخرين، أرجو التكرم بقراءة كل فقرة من فقرات المقياس بتمعن والإجابة عنها باهتمام وجدية وذلك باختيار أحد البدائل الموضوعة أمام كل فقرة، مؤكدا أن إجاباتكم ستعامل بسرية تامة ولن تستخدم إلا لأغراض البحث العلمي فقط وبما ينعكس عليكم بالفائدة.

بدرجة قليلة جدا	بدرجة قليلة	بدرجة متوسطة	بدرجة كبيرة	بدرجة كبيرة جدا	الفقرة	الرقم
1	2	3	4	5	لدي القدرة على التسامح مع زميلي على مـا يلحقه بي من أذى غير مقصود	1-
1	2	3	4	5	أستطيع السـيطرة علـى مزاجـي في المدرسـة عندما يكون سيئا	2-
1	2	3	4	5	أراعي كيف سيكون وقع كلامي وأفعالي على زميلي	3-
1	2	3	4	5	عندما استمع لـزميلي وهـو يتحـدث فـإنني أتواصل معه بحركات العينين	4-
1	2	3	4	5	أومـئ بـرأسي عنـدما اسـتمع لـزميلي وهـو يتحدث دلالة على موافقة ما يقوله أو رفضه	5-
1	2	3	4	5	أبتسم عندما أتحدث مع زميلي	6-
1	2	3	4	5	عندما أريد إنهاء مناقشـة مـا فـإنني اسـتخدم جمـلا ختاميـة مثـل: "اسـتمتعت بالحـديث معك"	7-
1	2	3	4	5	أستطيع تقدير ما يرمي له زميلي مـن خـلال النظر إليه أثناء التحدث معه	8-
1	2	3	4	5	أبذل قصارى جهدي لكي أفهم زميلي	9-
1	2	3	4	5	أقطب حاجبي عندما لا أتفق مع زميلي	10-

25

بدرجة قليلة جدا	بدرجة قليلة	بدرجة متوسطة	بدرجة كبيرة	بدرجة كبيرة جدا	الفقرة	الرقم
1	2	3	4	5	أعطي انتباهي الكامل لزميلي أثناء تحدثه	11-
1	2	3	4	5	عندما أتحدث أحاول أن تكون ألفاظي (كلماتي) بسيطة وجملي قصيرة	12-
1	2	3	4	5	أخاطب زميلي أثناء حديثه معه باسمه المحبب	13-
1	2	3	4	5	أراجع نفسي ـ لأتأكد من أنني فهمت ما يحاول زميلي إيصاله لي	14-
1	2	3	4	5	إذا ما قدم لي زميلي اعتذاره على خطأ ما فإنني أتقبل اعتذاره بسهولة	15-
1	2	3	4	5	أراعي أن تكون نبرات صوتي ملائمة لموضوع الحديث	16-
1	2	3	4	5	أبدي رأيي وتعليقاتي على ما يقوله زميلي حتى لو لم يطلب هو مني ذلك	17-
1	2	3	4	5	أستطيع أن أفهم وجهة نظرة زميلي بسهولة	18-
1	2	3	4	5	إذا صدر مني خطأ تجاه زميلي فإنني اعتذر منه بكل صدر رحب	19-
1	2	3	4	5	أدرك الإيماءات التي يستخدمها زميلي أثناء حديثه معي	20-

الرقم	الفقرة	بدرجة كبيرة جدا	بدرجة كبيرة	بدرجة متوسطة	بدرجة قليلة	بدرجة قليلة جدا
-21	أحاول إنهاء المناقشات التي لا تهمني بسرعة	5	4	3	2	1
-22	انتظر زميلي حتى ينهي كلامه قبل أن أكون حكما على ما يقوله	5	4	3	2	1
-23	أشجع زميلي على إكمال حديثه باستخدام تعبير مثل: أكمل، حقا، نعم، أفهمك، أهه..	5	4	3	2	1
-24	عندما أكون مع زميلي انتقى العبارات بعناية لأتمكن من جذب اهتمامه	5	4	3	2	1
-25	أنهي حديثي مع زملائي بجمل ختامية اختارها بعناية	5	4	3	2	1
-26	أبتعد عن مناقشة المواضيع الحساسة	5	4	3	2	1
-27	لدي القدرة على التعبير عما يجول في نفسي عندما يؤذي زميلي مشاعري	5	4	3	2	1
-28	أشعر بأنني عند تحدثي مع زميلي يفهمني بشكل جيد	5	4	3	2	1
-29	عندما أوجه انتقادا زميلي فإنني أشير إلى سلوكياته وأفعاله وليس إليه بشكل شخصي كأن أقول: "أنا اختلف معك	5	4	3	2	1

الرقم	الفقرة	بدرجة كبيرة جدا	بدرجة كبيرة	بدرجة متوسطة	بدرجة قليلة	بدرجة قليلة جدا
	في الطريقـة التي تحـدثت بهـا " بـدلا مـن القول: "أنت متحدث سيئ".					
30-	لدي القدرة على حل مشاكلي مع زميلي دون أن أفقد السيطرة على عواطفي	5	4	3	2	1
31-	أفضل عدم خـوض جـدال مـع زميلي قـد لا نصل به إلى اتفاق	5	4	3	2	1
32-	أتوقف ببطء بعـض الشيـء لإعطـاء الفرصـة زميلي بالتحدث.	5	4	3	2	1

مقياس مهارات الاتصال:

ويتكون من (32) فقرة موزعة على أربعة مجالات هي:

أ- **مجال مهارات الاستماع:** ويقيس القدرة على الاستماع أثناء التواصل مع الآخرين بفعالية وتقيسها الفقرات 4، 5، 10، 11، 17، 21، 22، 23

ب- **مجال مهارات التحدث:** يقيس القدرة على إيصال الرسالة بنجاح أثناء الاتصال اللفظي، وتقيسها الفقرات 6، 7، 12، 13، 16، 24، 25، 31، 32.

ج- **مجال القدرة على فهم الآخرين:** يقيس قدرة الفرد على فهم الرسائل الموجهة إليه لفظيا أو باستخدام الإيماءات، وتقيسها الفقرات 8، 9، 14، 18، 20، 28.

د- **مجال إدارة العواطف:** يقيس القدرة على إظهار المشاعر المناسبة والتحكم بهذه المشاعر، والقدرة على التعامل مع مشاعر الآخرين. وتقيسها الفقرات 1، 2، 3، 15، 19، 26، 27، 29، 30.

التصحيح والتفسير:

عدد فقرات المقياس 32، تتراوح العلامة الكلية بين (32-160) والمتوسط هو (96) وكلما ارتفعت علامة الفرد عن المتوسط دل على امتلاكه مهارات تواصل، علما أن هذا المقياس يصلح للطلبة كما يصلح لكبار السن.

ملاحظة: تم تغيير عبارات الاستبيان من صيغة الأزواج إلى صيغة الزملاء، لتناسب الطلبة في المدرسة (الحميدات، 2007).

رابعا: تمرين مقياس الإنصات

ضع علامة (صح) أمام الإجابة الأكثر اتفاقا مع سلوكك:

الرقم	الفقرات	دائما	عادة	أحيانا	نادرا	لا تنطبق
1-	أحاول استعراض وتقييم كافة الحقائق قبل اتخاذ أي قرار	5	4	3	2	1
2-	أهتم تماما بمشاعر وأحاديث المتحدث	5	4	3	2	1
3-	أنجز المهام المكلف بها بأساليب ابتكارية جديدة	5	4	3	2	1
4-	أركز اهتمامي على ما يقوله المتحدث	5	4	3	2	1
5-	أنتقي وأستخدم الكلمات الواضحة الملائمة في التعبير عن أفكاري	5	4	3	2	1
6-	أشجع الآخرين على التعبير عن أفكارهم بحرية وصراحة	5	4	3	2	1
7-	لدي القدرة على الربط بين الأفكار والمعلومات المطروحة	5	4	3	2	1
8-	استمع لكل ما يقوله الطرف الآخر، بغض النظر عما إذا كنت متفقا معه أو لا	5	4	3	2	1
9-	أحاول أن يشعر المتحدث دائما بأني مدرك لك ما يقوله	5	4	3	2	1
10-	لدي القدرة على تذكر الأحداث بسرعة حتى في المواقف الصعبة	5	4	3	2	1

الرقم	الفقرات	دائما	عادة	أحيانا	نادرا	لا تنطبق
-11	أركز على النقاط الرئيسية عندما أستمع إلى المعلومات شفهيا	5	4	3	2	1
-12	أزود العاملين بالقدر الكافي من إرجاع الأثر بالنسبة لأعمالهم	5	4	3	2	1
-13	أحاول باستمرار إرجاع الأثر للمرؤوسين عن مدى تقدمهم في العمل	5	4	3	2	1
-14	أخذ في اعتباري حالة المتحدث المزاجية وتأثيرها على درجة استيعابه للرسالة المقدمة	5	4	3	2	1
-15	أركز انتباهي واهتمامي على كل ما يقوله الطرف الآخر	5	4	3	2	1
-16	عندما أتحدث مع طرف آخر، أراعي العوامل المؤثرة في الموقف والمؤثرة في الاتصال بيني وبينه	5	4	3	2	1
-17	لدي القدرة على تذكر المعلومات حتى بعد فترة من الزمن	5	4	3	2	1
-18	لدي القدرة على الاستجابة للمعلومات والاستفسارات بأسلوب يلائم وفي الوقت المناسب	5	4	3	2	1
-19	عندما أتحدث مع طرف آخر أستطيع أن أستمع لما يدور بيننا من أحاديث	5	4	3	2	1

-20	أحول مراقبة التعبيرات والتصرفات غير اللفظية التي تبدو من الطرف الآخر	5	4	3	2	1
-21	لا أبدأ حديثي إلا بعد انتهاء الطرف الآخر من حديثه تماما	5	4	3	2	1
-22	أؤمن تماما بأن الزمن كفيل بتغيير الأفراد الظروف المحيطة	5	4	3	2	1
-23	أتغلب على كافة الأمور التي تتسبب في المقاطعة والتشويش في حديثي مع الطرف الآخر	5	4	3	2	1
-24	لدي القدرة على استيعاب وفهم كل ما يقال	5	4	3	2	1
-25	أبحث عن المعلومات وأحاول تجميعها حتى أتفهم الموقف بصورة أفضل	5	4	3	2	1
-26	أتعامل مع الآخرين بأسلوب واضح ومباشر	5	4	3	2	1
-27	أهتم بالنقاط الرئيسة وأتجنب الغرق في التفاصيل	5	4	3	2	1
-28	أتجاوب بسرعة مع وجهات النظر التي لا أتفق معها	5	4	3	2	1
-29	أستطيع أن أحدد بدقة الوقت المناسب للحديث والموضوع الذي سأتحدث فيه	5	4	3	2	1

-30	لدي القدرة على تذكر كل مـا دار مـن أسـابيع مضت	5	4	3	2	1
	عدد نقاط كل عمود					
	الدرجة					

نتيجة التقييم الذاتي لعادات الاتصال الفعال

تصحيح وتفسير المقياس:

135 - 150	إن لديك فهما ممتازا لعملية الاتصال وتقومين بها بكفاءة، فحافظي على هذا المستوى الجيد! وسوف يساعدك تأمل هذا التمرين في تدعيم مهاراتك في الاتصال.
102 - 134	إن لديك فهما قويا لعملية الاتصال وتقومين بها في اغلب الأوقات بكفاءة ولديك عدد من الجوانب التي قد تحتاج إلى بعض التحسينات. اختاري جانبا محددا من جوانب الضعف في الاتصال وقومي بممارسة المهارات الخاصة به.
91 - 101	إن لديك فهما عاما لعملية الاتصال وتقومين بها أحيانا بكفاءة. كما انك تقعين باستمرار في مشكلات مع الآخرين أثناء الاتصال بهم. ولديك عدد من الجوانب تحتاج إلى تحسين.
45 - 90	إن أمامك فرصا عديدة لتحسين كفاءتك في الاتصال. كما إن مهاراتك ليست كافية لتوصيل رسالتك باستمرار إلى الآخرين بوضوح. ومن ثم قد يسيء الآخرون باستمرار فهم المعنى الذي تقصدين.

بن عيسى.(1425هـ)

خامسا: مقياس الحوار الفعال

ضع دائرة في إحدى الخانات الثلاثة حسب أجابتك على السؤال:

لا (نادرا)	أحيانا	نعم (دائما)	الفقرة	الرقم
1	2	3	هل تخرج كلماتك على نحو ما تود في محادثتك	1-
1	2	3	عندما يوجه إليك سؤال غير واضح هل تسأل صاحب السؤال أن يشرح ما يعنيه	2-
1	2	3	عندما تحاول شرح شيء ما هل يتجه مستمعوك إلى تلقينك بكلمات تقولها.	3-
1	2	3	هل تفترض فيمن تحدثه أن يعرف ما تحاول أن تقوله دون أن تشرح له ما تعنيه	4-
1	2	3	هل تسأل غيرك عن شعوره إزاء النقطة التي ربما تكون أنت مصدر إبرازها	5-
1	2	3	هل تجد صعوبة في التحدث إلى الآخرين	6-
1	2	3	هل تجعل في محادثتك مع شخص أمور تهم كليكما	7-
1	2	3	هل تجد من الصعب أن تعبر عن آرائك إذا كانت تختلف عن آراء من حولك	8-
1	2	3	هل تحاول في المحادثة أن تضع نفسك موضع من تحادثه	9-
1	2	3	في سياق المحادثة هل تحاول أن تتكلم أكثر من الشخص الآخر	10-

34

لا (نادرا)	أحيانا	نعم (دائما)	الفقرة	الرقم
1	2	3	هل تدرك أثر نغمة صوتك على الآخرين	11-
1	2	3	هل تتحاشى قول شيء تعرف أن نتيجته إيذاء الآخرين أو زيادة الطين بلة	12-
1	2	3	هل تجد صعوبة في تقبل النقد البناء من الغير	13-
1	2	3	عندما يؤذي أحدهم شعورك هل تناقش معه الأمر	14-
1	2	3	هل تعتذر فيما بعد لمن عسى أن تكون قد أذيت شعوره	15-
1	2	3	هل يزعجك كثيرا أن يختلف أحدا معك	16-
1	2	3	هل تجد من الصعب أن تفكر بوضوح عندما تكون غاضبا مـن أحد	17-
1	2	3	هل تتحاشى الخلاف مع الآخرين خشية غضبهم	18-
1	2	3	عندما تنشأ مشكلة بينك وبين شخص آخر هل تستطيع مناقشتها دون أن تغضب	19-
1	2	3	هل أنت راضا عن طريقتك في تسوية خلافك مع الآخرين	20-
1	2	3	هل تظل عابسا متجهما فترة طويلة إذا أثارك أحد	21-
1	2	3	هل تشعر بالحرج الشديد عندما يمدحك أحد	22-
1	2	3	هل بوسعك عموما أن تثقي بالآخرين	23-

لا (نادرا)	أحيانا	نعم (دائما)	الفقرة	الرقم
1	2	3	هل تجد صعوبة في مجاملة ومدح الآخرين	-24
1	2	3	هل تحاول عامدا متعمدا إخفاء أخطاء عن الآخرين	-25
1	2	3	هل تساعد الآخرين على فهمك بأن توضح ما تفكر وتشعر وتعتقد	-26
1	2	3	هل من الصعب أن تأتمني الآخرين	-27
1	2	3	هل تحاول تغيير الموضوع عندما تتناول المناقشة مشاعرك	-28
1	2	3	في سياق المحادثة هل تدعي محدثك ينهي كلامه قبل أن ترد على ما يقول	-29
1	2	3	هل تلاحظ أنك لا تكون منتبها أثناء محادثة الآخرين	-30
1	2	3	هل تحاول إطلاقا الاستماع للوصول إلى المعنى المقصود في كلام شخص ما	-31
1	2	3	هل يبدو على الآخرين أنهم يصغون إليك عندما تتكلم	-32
1	2	3	في سياق المناقشة هل يصعب عليك أن ترى الأمور من وجهة نظر الآخر	-33
1	2	3	هل تدعي أنك تستمع إلى الآخرين بينما أنت منصرفا عنهم في واقع الأمر	-34
1	2	3	في خلال المحادثة هل تستطيع إدراك الفرق بين ما يقوله محدثك وما يشعر به فعلا	-35

الرقم	الفقرة	نعم (دائما)	أحيانا	لا (نادرا)
-36	هل تستطيع وأنت تتكلم أن تدرك رد فعل الآخرين إزاء ما تقوليه	3	2	1
-37	هل تشعر أن الآخرين يتمنون لو كنت من طراز آخر من الناس	3	2	1
-38	هل يفهم الآخرون مشاعرك	3	2	1
-39	هل يلمح الآخرون إنك تبدو واثقا من صواب رأيك	3	2	1
-40	هل تعترف بخطئك عندما تعلم أنك مخطئا في أمر ما	3	2	1

تصحيح وتفسير المقياس:

الفئات	التقييم
40 – 70	تحتاج لجهد اكبر وتدريب
71 – 90	محاور مقتدر تحتاج إلى تدريب أكثر ومراجعة
91 - 120	محاور ممتاز راجع ما لديك من نقص حتى تتمه

بن عيسى (1425هـ)

سادسا: أساليب التعايش مع الضغوط

تفيد هذه الأساليب في مساعدة المرشد في التعرف على أبرز الأساليب التي يستخدمها الطلبة للتعامل مع الضغوط التي يواجهونها في الحياة، وبالتالي تحسين هذه الأساليب.

فيما يلي بعض الطرق الشائعة للتعايش مع الأحداث المشحونة بالضغوط ضع علامة صح أمام تلك التي تميز سلوكك أو تستعين بها في كثير من الأحيان:

الرقم	الفقرة	تنطبق	لا تنطبق
-1	أتجاهل احتياجاتي الخاصة وأركز في العمل بمزيد من الجدية والسرعة	0	1
-2	أبحث عن أصدقاء لإجراء حوار أو للسعي وراء مؤازرتهم	1	0
-3	أكل أكثر من المعتاد	0	1
-4	أشترك في نوع ما من أنواع النشاط البدني	1	0
-5	أصير عصبيا وتنعكس هذه العصبية على من هم حولي	0	1
-6	آخذ فسحة من الوقت كي أسترخي وألتقط أنفاسي وابتعد عن ضغط	1	0
-7	أدخن سيجارة أو احتسي مشروبا يحتوى على الكافيين	0	1
-8	أواجه مصدر الضغوط وأعمل على تغييرها	1	0
-9	أنسحب عاطفيا وأنخرط في حركة اليوم	0	1
-10	أغير من نظرتي للمشكلة وأنظر إليها من منظور أفضل	1	0
-11	أكثر من ساعات نومي عما أنا في حاجة إليه فعلا	0	1

-12	آخذ بعض الراحة من العمل وأبتعد عن جو العمل	1	0
-13	أخرج للتسوق وابتاع شيئا ما حتى أدخل السرور على نفسي	1	0
-14	أمزح مع أصدقائي وأستعين بالدعابة والمرح في إزالة التوتر	1	0
-15	أنخـرط في هوايـة أو اهـتمام معـين ليسـاعدني عـلى نسـيان الضـغوط والاستمتاع بحياتي	1	0
-16	أتناول دواء يساعدني على الاسترخاء أو النوم العميق	0	1
-17	أواظب على نظام غذائي صحي	1	0
-18	أكتفي بتجاهل المشكلة وآمل أن تزول	0	1
-19	أصلي، أو أتأمل، أو أزيد من جرعة الروحانيات	1	0
-20	ينتابني القلق بسبب هذه المشكلة وأخشى من القيام بشيء حيالها	0	1
-21	أحاول التركيـز عـلى أمـور أسـتطيع السـيطرة عليهـا وأتقبـل أمـورا لا أستطيع التحكم فيها.	1	0

طريقة التصحيح والتفسير:

عدد الفقرات هي (21) وتتراوح العلامة الكلية بين (0-21) وكلما ازدادت العلامة عن (11) دل ذلك على امتلاك أساليب بناءة في التعايش مع الضغوطات.

معدلة عن استبان Coping Style Questionnaire، والذي وضعه جيم بويرز، مركز كابزر - بيرمينانت الطبي والأساليب الصحية، سانتا كلارا، كاليفورنيا. (ديفيز وروبنز وماكاي، 2005).

سابعا: مقياس الضغوط النفسية المدرسية

البيانات الأولية:

الاسم:........................ المدرسة:..................... الفصل:............

الجنس: (ذكر / أنثي)............... السن:........... تاريخ التطبيق: / /

تعليمات التطبيق

عزيزي التلميذ:

فيما يلي مجموعة من العبارات التي تتعلق ببعض الموضوعات التي تهمك وتدور حول أمور حياتك في المدرسة.

المطلوب أن تقرأ كل عبارة من العبارات بدقة، ثم تختار إحدى الإجابات الموجودة على يسار كل عبارة والتي تنطبق عليك، وذلك بوضع دائرة حول الإجابة التي تناسبك مع مراعاة ألا تترك عبارة من العبارات دون أن تجيب عليها. الباحث: عمر إسماعيل علي

مقياس (ض – ن – م)

م	الفقرة	دائما	أحيانا	لا يحدث
1-	زملائي يضربوني في المدرسة.	3	2	1
2-	زملائي بيفرحوا لما اخذ درجات أعلى منهم.	1	2	3
3-	شبابيك فصلي مكسرة.	3	2	1
4-	المقاعد في فصلي كافية.	1	2	3
5-	الواجبات المدرسية كثيرة عليَ.	3	2	1

-6	الكتب المدرسية بها أمثلة كثيرة.	1	2	3
-7	الدروس الخصوصية تكلفني الكثير من النقود.	3	2	1
-8	المـدرس بيعـاملني زي زمـلائي الـلي بيأخـذوا عنـده درس خصوصي.	1	2	3
-9	بعض الامتحانات الشهرية بتكون طويلة.	3	2	1
-10	يحدد المدرسون مواعيد الامتحانات الشهرية مسبقا.	1	2	3
-11	زملائي بيشتكوني للمدرس علشان يضربني بدون سبب.	3	2	1
-12	زملائي بيسالوا عني لما أغيب عن المدرسة.	1	2	3
-13	الكتابة غير واضحة على سبورة فصلي.	3	2	1
-14	ساحة مدرستي واسع.	1	2	3
-15	الموضوعات الدراسية صعبة عليَ.	3	2	1
-16	لا أجد صعوبة في الاستذكار من الكتب المدرسية.	1	2	3
-17	الدروس الخصوصية بتضيع وقتي.	3	2	1
-18	الدرس الخصوصي يساعدني لكي احصل على درجات أعلى.	1	2	3
-19	اشعر بصداع أيام الامتحانات.	3	2	1
-20	لا اشعر بالخوف من الامتحانات.	1	2	3

-21	زملائي ما بيرضوش يمشوا معايا وإحنا راجعين من المدرسة.	3	2	1
-22	زملائي بيحبوا يلعبوني معاهم.	1	2	3
-23	الإضاءة غير كافية في فصلي.	3	2	1
-24	مبنى مدرستي جميل ومنظم.	1	2	3
-25	بعض المدرسين بيشرحوا الدروس المتأخرة في حصص الأنشطة.	3	2	1
-26	جدول الحصص اليومي منظم.	1	2	3
-27	زملائي اللي بيأخذوا دروس خصوصي بيأخذوا درجات أعلى مني.	3	2	1
-28	المدرس بيعاملني زي زملائي اللي بيأخذوا عنده درس خصوصي.	1	2	3
-29	بأنسى حاجات كثيرة في الامتحان بالرغم من إني مذاكر كويس.	3	2	1
-30	استطيع النوم العميق أيام الامتحانات.	1	2	3
-31	المدرس بيضرب الفصل كله لما بيسمع دوشة.	3	2	1
-32	زملائي مبيخدوش حاجاتي من غير ما اعرف.	1	2	3
-33	اليوم الدراسي ممل.	3	2	1

3	2	1	دورات مياه مدرستي نظيفة.	34-
1	2	3	لا نستطيع إنهاء المواد قبل الامتحانات.	35-
3	2	1	الكتب المدرسية بها وسائل إيضاح.	36-
1	2	3	الدروس الخصوصية بتخليني لا استطيع أن أمارس هواياتي.	37-
3	2	1	المدرس في الدرس الخصوصي بيكلفنا بواجبات مناسبة	38-
1	2	3	الامتحانات بتخليني أذاكر كثيرا وتحرمني من ممارسة الأنشطة.	39-
3	2	1	أجيب دون تردد عندما يوجه لي سؤال شفوي.	40-
1	2	3	مدرس الفصل لا يعرف اسمي.	41-
3	2	1	المدرس لا يسبني بألفاظ جارحة.	42-
1	2	3	مدرستي ليس بها ملاعب.	43-
3	2	1	نمارس الأنشطة في مدرستي.	44-
1	2	3	نجلس في الفصل في حصص الأنشطة.	45-
3	2	1	الكتب المدرسية صغير وجميلة.	46-
1	2	3	المدرس في الدرس الخصوصي بيعمل امتحانات كثيرة.	47-

-48	عدد الطلاب في الدرس الخصوصي مناسب.	1	2	3
-49	بعض زملائي بيحصلوا على درجات أعلى مني بالغش.	3	2	1
-50	يصحح المدرسون الامتحانات الشهرية بدقة.	1	2	3
-51	المدرس بيفضل بعض زملائي عليَ.	3	2	1
-52	المدرس بيشركني في الأنشطة.	1	2	3
-53	عدد تلاميذ فصلي كتير.	3	2	1
-54	فصلي به وسائل تعليمية.	1	2	3
-55	نجد صعوبة في تعلم اللغة الانجليزية.	3	2	1
-56	نقوم بمراجعة الدروس قبل الامتحانات.	1	2	3
-57	المدرس في الدرس الخصوصي بيكلفنا بحاجات خاصة له.	3	2	1
-58	المدرس في الدرس الخصوصي لا يحرجني بإعلان درجاتي أمام زملائي.	1	2	3
-59	المدرسون بيعملوا امتحانات كثيرة طول العام.	3	2	1
-60	استطيع الكتابة بخط واضح في الامتحانات.	1	2	3

تعليمات التصحيح وتفسير النتائج:

يتكون المقياس من خمس أبعاد هي:

1- العلاقات الاجتماعية.(1، 2، 11، 12، 21، 22، 31، 32، 41، 42، 51، 52)

2- البيئة المدرسية. (3، 4، 13، 14، 23، 24، 33، 34، 43، 44، 53، 54)

3- المناهج الدراسية. (5، 6، 15، 16، 25، 26، 35، 36، 45، 46، 55، 56)

4- الدروس الخصوصية. (7، 8، 17، 18، 27، 28، 37، 38، 47، 48، 57، 58)

5- الامتحانات. (9، 10، 19، 20، 29، 30، 39، 40، 49، 50، 59، 60) (علي، 1999).

العلامة تتراوح بين (60-180) والمتوسط (120) كلما ارتفعت العلامة دل ذلك على وجود ضغط مدرسي لدى الطالب.

ثامنا: قائمة بالمهارات المبدئية اللازمة للاستذكار

تفيد هذه القائمة في التعرف على مهارة الاستذكار والدراسة بشكل صحيح، ومما ينعكس على تحصيلهم عند امتلاك هذه المهارات في المستقبل.

المعنى التربوي لمهارات الاستذكار:

تعددت التعريفات التي وردت لمهارات الاستذكار، فيعرف جراهام وروبنسون Graham & Robinson (1989) مهارات الاستذكار بأنها "القدرات النوعية التي من المحتمل أن يستخدمها الطلاب منفردين أو في جماعات لتعلم محتوى مناهجهم الدراسية، من بداية قراءتها إلى تناول الامتحان بها".

ويعرف السيد زيدان (1990م) الاستذكار بأنها "نمط سلوكي يكتسبه الطالب خلال ممارسته المتكررة لتحصيل المعارف والمعلومات، وإتقان الخبرات والمهارات، وهذا النمط السلوكي يختلف باختلاف الأفراد، ويتباين بتباين التخصصات".

واستخلص محمد نبيه (1990م) من خلال استعراضه لمجموعة من تعريفات عادات الاستذكار أنها "أنماط سلوكية مكتسبة، تتكرر في المواقف المتشابهة، وتساعد على توفير الوقت والجهد، وإتقان الخبرات التعليمية للطلاب، وتختلف باختلاف التخصصات والأفراد".

الرقم	المهارة	تنطبق	لا تنطبق
-1	إدارة الأعمال الدراسية المؤجلة والتعامل معها.	1	0
-2	تنشيط الدافعية الذاتية، والقدرة على تحمل مسئولية المهام الصعبة.	1	0

-3	امتلاك الثقة في التعبير عمّا تمتلك من أفكار.	1	0
-4	استخراج المعلومات من مختلف المصادر.	1	0
-5	قراءة النصوص أو الأشكال والجداول؛ لاستخراج المعنى والدلالة منها.	1	0
-6	القـدرة عـلى الانتقـاء، واسـتخراج المناسـب للموضـوع، وإهـمال غـير المناسب.	1	0
-7	مقارنة مختلف الآراء، وتقرير أيها الأفضل.	1	0
-8	كتابة التقارير والموضوعات بأسلوب خاص.	1	0
-9	القدرة على الحوار والمناقشة وإبداء الرأي في موضوع ما.	1	0
-10	القدرة على التلخيص والإيجاز بأقل الكلمات وأكثر المعلومات.	1	0

هذه القائمة اقترحها كوتريل Cottrell (1999,26) يمكن استخدامها لفحص وتقييم ما لدى الفرد من المهارات المبدئية اللازمة للاستذكار والإنجاز الأكاديمي لمعرفة مستواه من مهارات الاستذكار، ومدى توافرها لديه، ومن ثم معرفة وعيه بذاته وتقويم مهارات الاستذكار لديه.

طريقة التصحيح والتفسير:

عدد فقرات المقياس (10) وتتراوح العلامة بين (0-10) في حالة زادت العلامة عن (5) دل ذلك على امتلاك مهارات مناسبة للاستذكار.

المقاييس المهنية

أولاً: التعرف على مستوى الوعي المهني

يفيد هذا المقياس في التعرف على مستوى الوعي المهني بشكل عام لدى الطلبة، وله خمسة أبعاد أساسية.

عزيزي/ عزيزتي:

المقياس الذي سوف تجيب عليه ليس امتحانا بل هو أداة لتساعدك على معرفة مستوى الوعي المهني لديك كما تساعدك على معرفة جوانب القوة لديك في الوعي المهني والجوانب التي تحتاج إلى تطوير. يرجى منك قراءة كل عبارة من عبارات المقياس ثم وضع إشارة(✗) في المكان المناسب لبيان رأيك في تلك العبارة هل توافق عليها بشدة، أو توافق، أو لا توافق أو لا توافق بشدة.

الرقم	الفقرة	أوافق بشدة	أوافق	لا أوافق	لا أوافق بشدة
-1	لم اختر خططا للمهنة التي قد اعمل بها بعد	1	2	3	4
-2	إذا تمكنت من مساعدة الآخرين من خلال عملي فسوف أكون سعيدا	4	3	2	1
-3	يبدو أن كل شخص يخبرني شيئا مختلفا وكنتيجة لذلك لا اعرف نوع العمل المناسب لي	1	2	3	4
-4	من المحتمل أن يكون النجاح سهلا في مهنة ما، كما هو في أي مهنة أخرى.	4	3	2	1

الرقم	الفقرة	أوافق بشدة	أوافق	لا أوافق	لا أوافق بشدة
-5	حتى تختار العمل المناسب لك يجب أن تعرف أي نوع من الأشخاص أنت	4	3	2	1
-6	لا يهم ما هي المهنة التي تختارها طالما كان الأجر جيدا	1	2	3	4
-7	إنني اخطط أن اعمل في المجال الذي يقترحه علي والدي	1	2	3	4
-8	عند اختيار المهنة يحتاج الإنسان لان يعرف ميوله	4	3	2	1
-9	عليك أن تقرر بنفسك نوع العمل الذي تريده	4	3	2	1
-10	لا اعرف كيف أتوصل إلى نوع العمل الذي أريده	1	2	3	4
-11	اعرف القليل فقط عما هو مطلوب من العمل	1	2	3	4
-12	عندما اختار مجال عمل معين يجب ان آخذ بعين الاعتبار المهن المختلفة التي تقع ضمن هذا المجال	4	3	2	1
-13	عندما اختار مهنة يكفي أن اعتمد على نصيحة والدي وأصدقائي	1	2	3	4
-14	هناك أشياء متعددة يجب أن تؤخذ بعين الاعتبار عند اختيار مهنة ما مثل الميول والقدرات وفرص العمل	4	3	2	1

-15	عليك أن تختار مهنة تتفق مع ما تحـب أن تفعلـه في حياتك	4	3	2	1
-16	أن أفضل طريقة للاختيار المهني هي أن تجـرب مهنـا مختلفة ثم تختار الوظيفة التي تعجبك أكثر	4	3	2	1
-17	ليس هنـاك معنـى لاختيـارك لمهنـة لان جميـع المهـن متعبة	1	2	3	4
-18	هناك مهنة واحدة فقط لكل شخص	1	2	3	4
-19	أن والديك يعرفان أكثر منك عن المهنة التي يجـب أن تلتحق بها	1	2	3	4
-20	إنني ارغب في أن أنجز شيئا ما في عملي مثل أن أصـل إلى اكتشاف عظيم أو أساعد عددا كبيرا من الناس	4	3	2	1
-21	عنـدما يكـون الأمـر متعلقـا باختيـاري المهنـي فـإنني صاحب القرار الأول	4	3	2	1
-22	إذا أعطيت حرية الاختيار لتخصصي في المدرسة فإنني لا اعرف أي التخصصات سأختار	1	2	3	4
-23	إن العمل يعطي معنى لحياة الإنسان	4	3	2	1
-24	لا استطيع أن افهم كيف يكون بعض الناس متأكـدين من الاختيار المهني	1	2	3	4

-25	امضي الكثير من الوقت متمنيا أن أكون في عمل اعرف بأنني لا استطيع القيام به أبدا	4	3	2	1
-26	العمل ممل وغير ممتع	1	2	3	4
-27	أحيانا تضطر أن تتخذ لك مهنة ليست هي الاختيار الأول بالنسبة لك	4	3	2	1
-28	إنني أغير من اختياري المهني باستمرار	1	2	3	4
-29	عندما تختار مهنة معينة فإنك لا تستطيع أن تغير هذا الاختيار	1	2	3	4
-30	لن اشغل بالي في التفكير بمهنة مناسبة لي في الوقت الراهن	1	2	3	4
-31	العمل بحد ذاته غير مهم المهم هو الدخل المالي.	1	2	3	4
-32	أن دخولك إلى مهنة معينة هو أمر تقرره الصدفة	1	2	3	4
-33	يقل احتمال وقوعك في الخطأ إذا جمعت معلومات حول المهنة التي تختارها	4	3	2	1
-34	إن اختيار مهنة هو أمر يجب أن تقوم به بنفسك	4	3	2	1
-35	نادرا ما أفكر بالعمل الذي ارغب أن التحق به	1	2	3	4
-36	إن على المرء أن يهتم باتخاذ قرار حول المهنة التي ينوي العمل بها	4	3	2	1

-37	ليست لدي فكرة عن نوع العمل الذي سـألتحق بـه في المستقبل	1	2	3	4
-38	اهتم بنوع المهنة التي تناسب قدراتي	4	3	2	1
-39	ارغب في الاعتماد على شخص ما في اختياري لمهنتي في المستقبل	1	2	3	4
-40	أفضل أن لا أعمل على أن ألتحق بعمل أحبه	1	2	3	4
-41	أفضل عدم العمل على العمل في جميع الظروف	1	2	3	4
-42	إنني أدرك بأن كـل إنسـان سـوف يلتحـق بعمـل مـا أن عاجلا أم آجلا ولكنني لا أتطلع لذلك بشوق	1	2	3	4
-43	الأمر الوحيـد الـذي ينبغـي أن يؤخـذ بعـين الاعتبـار في الاختيار المهني هو الكسب المادي	1	2	3	4
-44	يجب أن لا تشـغل بالـك في موضـوع الاختيـار المهنـي طالما أنه أمر لا تستطيع عمل شيء بصدده	1	2	3	4
-45	لا أريد من والـدي أن يفرضـا عـلي نـوع المهنـة التـي سوف اعمل بها في المستقبل	4	3	2	1
-46	أن عليك أن ترضى في كثر من الأحيان بعمـل اقـل مـما كنت تطمح إليه	1	2	3	4
-47	إذا قام شخص ما باختيار مهنة لي فـإن هـذا يجعلنـي اشعر بالارتياح	1	2	3	4

-48	يبدو لي أنني لست كثير الاهتمام بمستقبلي المهني	1	2	3	4
-49	حقيقة لا استطيع أن أجد أي عمل يستهويني	1	2	3	4
-50	إما أن اعمل في المهنة التي اطمح للوصول إليها أو امتنع عن العمل إطلاقا	1	2	3	4
-51	أن معرفتك للمهن المتوفرة في سوق العمل هو أمر مهم لمستقبلك	4	3	2	1
-52	عندما أحاول القيام باختيار مهني فإنني أفضل أن يخبرني شخص ما ماذا يجب أن افعل.	1	2	3	4
-53	أجد لدي اهتمامات كثيرة بحيث يصبح من الصعب على أن اختار مهنة محددة	1	2	3	4
-54	عليك أن تختار المهنة التي تمكنك من تحقيق ما تطمح إليه في الحياة	4	3	2	1
-55	الآباء هم الذين يجب أن يختاروا المهن المناسبة لأبنائهم	1	2	3	4
-56	عليك أن تختار مهنة تناسب ميولك وقدراتك ثم تخطط للالتحاق بها	4	3	2	1
-57	اشعر بأن علي أن اعمل في المهنة التي يرى الأصدقاء بأنها مناسبة لي	1	2	3	4

54

-58	أن اتخاذ قرار مهني أمر يربكني ولا أحب التفكير فيه	1	2	3	4
-59	يضايقني أن اعمل في أية مهنة	1	2	3	4
-60	إن الجانب الأكثر أهمية في العمل هو المتعـة الناتجـة عن أدائه	4	3	2	1

تصحيح الاختبار:

بعد الإجابة على فقرات المقياس تعطى درجة كلية على المقياس من 240، والتي تعبر عن مستوى الوعي المهني لدى الفرد، فكلما اقتربت الدرجة من 240 دل ذلك على مستوى عالي من الوعي المهني، والعلامة فوق الوسط (150) يدل على مستوى مرتفع من الوعي المهني، ومن ثم تستخرج درجة فرعية على كل بعد من أبعاد المقياس الخمسة كما يلي:

النتيجة على المقياس الكلي:

تجمع الدرجات على فقرات المقياس الستون، وتكون هذه الدرجة من 240 بحيث كلما اقتربت العلامة من الدرجة 240 دل ذلك على مستوى عال من الوعي المهني، وكلما ابتعدنا عن هذه الدرجة اتضحت الحاجة إلى تطوير مهارات الوعي المهني. فمثلا لو حصلت على 124 من 240 فإن مستوى الوعي المهني لديك يكون مقبولا إلا أن هناك بعض الجوانب التي تحتاج إلى تطوير.

النتيجة على المقاييس الفرعية:

أولاً: التعرف إلى الميول والقدرات والقيم ومراعاتها في عملية اتخاذ القرار وتمثل

العلامة 68 الدرجة الكلية على هذا البعد بحيث تجمع الإجابة على الفقرات التالية (2، 4، 5، 15، 14، 8، 6، 16، 56، 54، 53، 43، 38، 32، 25، 24، 20) وكلما اقتربت الدرجة من 68 دل ذلك على أن الفرد يراعي الميول والقدرات والقيم في اتخاذ القرار.

ثانياً: الاستقلالية تمثل العلامة 52 الدرجة الكلية على هذا البعد بحيث تجمع العلامة المحصلة على الإجابة على الفقرات التالية (13، 9،7، 3، 57، 55، 52، 47، 45، 39، 34، 21، 19) ومن ثم تحصل على درجتك على هذا البعد وكلما اقتربت الدرجة من 52 فإن ذلك يشير إلى أن مستوى الوعي المهني مقبول لديك في الاستقلالية إلا أن هناك بعض الجوانب التي تحتاج إلى تطوير.

ثالثاً: الاهتمام وهي جمع المعلومات عن المهن وطبيعة العمل بها وشروط الالتحاق والفرص المتاحة: و تمثل العلامة 56 الدرجة الكلية على هذا البعد بحيث تجمع العلامة المحصلة على الإجابة على الفقرات التالية (58، 51، 48، 44، 37، 36، 35، 33، 30، 28، 22، 11، 10، 1) ومن ثم تحصل على درجتك على هذا البعد، وكلما اقتربت الدرجة من 56 فإن ذلك يشير إلى مستوى عالي من الوعي المهني في مجال الاهتمام.

رابعاً: المرونة تمثل الدرجة 28 الدرجة الكلية على هذا البعد بحيث تجمع العلامة المحصلة على الإجابة على الفقرات التالية (50، 46، 40، 29، 27، 18، 12) ومن ثم تحصل على درجتك على هذا البعد وكلما اقتربت الدرجة من 28 فإن ذلك يشير إلى مستوى المرونة لديك في اتخاذ القرار.

خامساً: الاتجاه نحو العمل بشكل عام تمثل الدرجة 36 الدرجة الكلية على هذا البعد بحيث تجمع العلامة المحصلة على الإجابة على الفقرات التالية (60، 59، 49، 42، 41، 31، 26، 17، 3) وتجمع العلامات على هذه الفقرات وكلما اقتربت الدرجة من 36 دل ذلك على مستوى الاتجاه نحو العمل بشكل عام (مشروع المنار، 1997).

ثانياً: مقياس استمارة استطلاع للتعرف على الاهتمامات الترويحية

يفيد هذا المقياس في التعرف على اهتمامات ومدعمات الطلبة، وقد تفيد في التوجيه المهني من خلال الاهتمام بما يحمله الفرد ويهتم به ويقضي من خلاله وقت فراغه.

وزعت الأنشطة الترويجية إلى التالية:

- أنشطة ثقافية 7 أنشطة
- أنشطة فينة 17 نشاط
- أنشطة رياضية 14 أنشطة
- أنشطة اجتماعية 7 أنشطة
- أنشطة دينية 6 أنشطة
- أنشطة خلوية 7 أنشطة

وقد وضع تقدير على النحو التالي:

أميل بشدة ويقدر له ثلاث درجتان. يل بدرجة متوسط ويقدر له درجتان..

لا أميل مطاقاً ويقدر له درجة واحدة.

بيانات:

الاسم:.................................. الصف:..................

طبيعة السكن: ريف/ قرى/ مدن، عضوية الأندية الرياضية: نعم/لا

أماكن وقت الفراغ:..

نادي أو مركز الشباب	في المنزل	أمام المنزل	في المقهى	في منزل الأقارب أو الأصدقاء	إمام منزل الأقارب أو الأصدقاء	خارج القرية أو المدنية

الأفراد الذين تفضل قضاء وقت الفراغ معهم:

الأصدقاء	الأسرة	الأقارب

من المعروف أن كل فرد يقوم بأنشطة متنوعة خلال يوم الإجازة (24) ساعة المطلوب تحديد الوقت الذي تقوم فيه بكل نشاط من الأنشطة المذكورة وذلك بوضع علامة(x) أمام النشاط والسلوك الممارس وأسفل الوقت الذي يستغرقه، علماً بأن كل خانة تمثل ساعة مفسحة بخطوط متقطعة إلى خانتين تمثل منهما نصف ساعة.

السلوك أو النشاط	الحاجات اليومية الضرورية	مساعدة الوالدة	المساعدة في أعمال المنزل	العمل لكسب الرزق	النوم ليلا	وقت الفراغ
عدد الساعات						
نشاط أو سلوك وقت الفراغ	**أنشطة رياضية**	**أنشطة ثقافية**	**أنشطة فنية**	**أنشطة اجتماعية**	**أنشطة ليلية**	**الاسترخاء أو النوم ظهرا**
عدد الساعات						

الرقم	النشاط	أفضل بدرجة كبيرة	أفضل بدرجة متوسطة	لا أفضل مطلقاً
النشاط الثقافي				
-1	قراءة المجيلات والجرائد اليومية			
-2	قراءة القصص والكتب الثقافية			
-3	كتاب الشعر			
-4	كتاب القصص			
-5	الاستماع للمذياع أو المسجل			
-6	كتابة المقال			
-7	حضور مناقشات وندوات			
-8	أنشطة أخرى تذكر			
النشاط الاجتماعي				
-1	الرحلات			
-2	مصاحبة الأصدقاء			
-3	زيارة الأقارب			
-4	الجلوس والتحدث مع الأسرة			
-5	لعب الشطرنج			
-6	لعب الدمينو			
-7	لعب الورق			
-8	أنشطة أخرى تذكر			

الرقم	النشاط	أفضل بدرجة كبيرة	أفضل بدرجة متوسطة	لا أفضل مطلقاً
النشاط الفني				
1-	الذهاب إلى الحفلات الفنية			
2-	الذهاب إلى المسرح			
3-	الذهاب إلى السينما			
4-	الاستماع للموسيقى والغناء			
5-	مشاهدة أفلام الفيديو			
6-	الرسم بالقلم الرصاص أو الفحم			
7-	التصوير الزيتي			
8-	أشغال النجارة			
9-	أشغال السلك			
10-	الدهان والبياض			
11	أشغال النسيج			
12	التمثيل			
13	العناء			
14	العزف على آلة موسيقة			
15	التصوير الفوتوغرافي			
16	جمع الطوابع			
17	جمع العملة			
18	أنشطة أخرى تذكر			

الرقم	النشاط	أفضل بدرجة كبيرة	أفضل بدرجة متوسطة	لا أفضل مطلقاً
النشاط الرياضي				
-1	السباحة			
-2	كرة القدم			
-3	كرة السلة			
-4	كرة اليد			
-5	الكرة الطائرة			
-6	التنس الأرضي			
-7	تنس الطاولة			
-8	الريشة الطائرة			
-9	التمرينات السويدية			
-10	ألعاب القوى			
-11	الألعاب الصغيرة			
-12	الكاراتيه			
-13	كمال الأجسام			
-14	رفع الأثقال			
-15	أنشطة أخرى تذكر			
النشاط الديني				
-1	حضور الدروس الدينية بالمسجد			

الرقم	النشاط	أفضل بدرجة كبيرة	أفضل بدرجة متوسطة	لا أفضل مطلقاً
-2	حضور ندوات ومناقشات دينية			
-3	قراءة الكتب الدينية			
-4	مشاهدة البرامج الدينية بالتلفزيون			
-5	الاستماع للبرامج الدينية			
-6	الإذاعية			
-7	قراءة القران الكريم			
-8	أنشطة أخرى تذكر			
النشاط الخلوي				
-1	صيد الأسماك			
-2	ركوب الدراجات			
-3	القنص			
-4	ركوب الخيل			
-5	المعسكرات			
-6	ركوب القوارب والتجديف			
-7	التجوال والرحلات الخلوية			
-8	أنشطة أخرى تذكر			

(سكر، 2003)

ثالثاً: اختبار استكشاف الذات EXTRA

للتخطيط الدراسي المهني سهام أبو عيطة

يفيد هذا الاختبار الذي انطلق من قائمة هولاند في تحديد المهن المناسبة للطلبة بناء على نشاطاتهم وكفاءتهم وصفاتهم الشخصية ومهنهم التي يحبونها وتقديرهم لذاتهم، ويحدد ذلك من خلال التعرف على بيئات العمل الستة: الواقعية والتقليدية والفنية والبحثية والمغامرة والاجتماعية.

قام هولاند Holland (1997) بتطوير نظرية في الاختيار المهني قائمة على أن اختيار الأفراد للمهن إنما يعبر عن شخصياتهم المهنية، بالرغم من أنه يختار بناءً على ميوله وقدراته ورغبات الأهل والأصدقاء.وقد بنى هولاند نظريته في الاختيار المهني على الافتراضات التالية:

1- الاختيار المهني هو سلوك يعكس فيها الفرد شخصيته وميوله وقدراته.

2- المهن المختلفة تشبع حاجات الأفراد النفسية المختلفة.

3- يتم الاختيار المهني بناء على معرفة الشخص بيئات العمل المختلفة.

4- يتجه الأفراد نحو المهن التي تناسب شخصياتهم.

5- مقاييس الشخصية ومقاييس الميول المهنية تعطي نفس النتائج وان اختلفت محتوياتها.

وبناء على هذه الافتراضات وضع هولاند أنماط الشخصية التالية:

النمط الأول: الواقعي (Realistic) وهو يفضل النشاطات التي تتطلب قوة بدنية، وهو عدواني يتسم بالتناسق الحركي، وبفضل التعامل مع الأشياء المحددة مثل الآلات والأدوات، ويفضل المواضيع المحسوسة، ويكره المجردات، وهو يفتقد المهارات الاجتماعية، ويميل لممارسة الأعمال الميكانيكية والحرف والأعمال اليدوية.

النمط الثاني: النمط الاستقصائي (العقلاني Investigative) التحليلي وهو يميل إلى التفكير والتروي، ويحاول فهم العالم المحيط به جيداً، ويميل لممارسة الأعمال التي تتسم بالصعوبة والتحدي، وممارسة التفكير المجرد، ويميل للدقة والمنهجية، وهو شغوف بالمعرفة، وهو عادة ما تنقصه مهارات القيادة ولكنه يحب البحث العلمي في مجالات العلوم والرياضيات والإنسانيات.

النمط الثالث: النمط الفني (Artistic) الفنان وهو يميل إلى العزلة ومعالجة المسائل التي تعرض علية من خلال رؤيته الذاتية والتعبير الشخصي، وهو يتصف بالأصالة والتأمل الباطني، ويعاني القلق والتوتر، ويحب الأعمال الفنية مثل الأدب والشعر والرسم والموسيقى، وغالباً ما تنقصه المهارات الكتابية والحسابية.

النمط الرابع: البيئة المهنية الاجتماعية (Social) الاجتماعي وهو يميل إلى تلك الأعمال التي تتضمن لعب الأدوار التي تبرز مهاراته الاجتماعية واللغوية، وهو يميل إلى مساعدة الأفراد الآخرين وتقديم الخدمات للجماعة، وينفر من الأعمال التي تتعلق بالآلات، والأعمال المثالية للشخص الاجتماعي هي التدريس والإشراف الاجتماعي وأعمال الأخصائي النفسي.

النمط الخامس: البيئة المهنية الغامرة (Enterprising) التجاري وهو يميل إلى العمل والمشروعات التي تستهدف تحقيق المزيد من النجاح، ويميل إلى الاستعراضية وفرض نفسه على الآخرين والسيطرة عليهم، وتعوزه بشكل عام القدرة العلمية، وتتركز أعماله المثالية في ممارسة البيع والتسويق وإدارة المشروعات.

النمط السادس: البيئة المهنية التقليدية (Conventional) التقليدي وهو يميل إلى التعامل مع الأوراق والملفات والأرقام وتجميع البيانات، ويميل إلى لعب الأدوار الثانوية، كما يتجنب النواحي الفنية، وتتركز أعماله المثالية في ممارسة أعمال الأرشيف والسكرتارية والأعمال الحسابية والمالية (.(Holland, 1965

1- المدرسة / العمل: .... 2- العمل/الصف: ....

3- الجنس: ذكر أنثى

4- الجنسية:

كويتي أردني / فلسطيني عراقي مصري أخرى

5- العمر:

أقل من 14 15 - 19 20 –24 25 - 29 30 فأكثر

أولاً: المهن التي تفكر فيها

رتب ثمان مهن تفكر في اختيارها في المستقبل، يمكنك استخدام دليل المهن ليساعدك تعرف مهن عديدة تتعلق بميولك وقدراتك.

المهنة	الرمز	المهنة	الرمز
1-		6-	
2-		7-	
3-		8-	
4-		9-	
5 -		10 -	

معنى الرموز المستخدمة كعناوين لإجراء الاختبار:

و= واقعي، ع = علمي، ف = فني،

ج = اجتماعي، م = مغامر، ر = روتيني

ثانياً: النشاطات

ظلل المستطيل تحت كلمة أميل وذلك بالنسبة للنشاط الذي تميل أليه أو ظلل المستطيل تحت كلمة لا أميل وذلك بالنسبة الذي لا تميل إليه.

و	أميل	لا أميل
1- تصليح أدوات كهربائية		
2- تصليح سيارات		
3- تصليح أدوات ميكانيكية		
4- بناء أشياء من الخشب		
5- قيادة شاحنة أو جرار		
6- القيام بصناعة الأدوات المعدنية أو الأدوات آلية		
7- القيام بتغيير محركات السيارات والدرجات النارية (السباق)		
8- دراسة موضوع يتعلق بالعمل بالمحلات التجارية		
9- دراسة موضوع يتعلق بالرسم الميكانيكي		
10- دراسة الموضوع يتعلق بالصناعة الخشبية		
11- دراسة الموضوع يتعلق ميكانيكا السيارات.		

ع	أميل	لا أميل
1- قراءة الكتب العلمية والمجلات.		
2- العمل في مختبر.		

ع	أميل	لا أميل
3- العمل في مشروع علمي.		
4- بناء نموذج صاروخي.		
5- العمل في مشروع كيماوي.		
6- قراءة فرديه لمواضيع علميه مختلفة.		
7- حل مسائل رياضية أو الغاز الشطرنج		
8- دراسة موضوع بالفيزياء		
9- دراسة موضوع بالكيمياء.		
10 - دراسة موضوع بالهندسة.		
11 -دراسة موضوع بالأحياء.		

ف	**أميل**	**لا أميل**
1- القيام بتخطيط، رسم، تلوين		
2- مشاهدة مسرحيات.		
3- تصميم مباني أو ديكورات.		
4- العزف مع فرقه موسيقة.		
5- العزف على اله موسيقة.		
6- حضور حفلات موسيقى عالمية.		
7- قراءة قصص خيالية عالمية.		

ف	أميل	لا أميل
8- ابتداع الروايات ولوحات فنية.		
9- قراءة الروايات.		
10- قراءة أو كتابة للأصدقاء.		
11 - دراسة موضوع فني.		

ج	أميل	لا أميل
1- كتابة رسائل للأصدقاء.		
2- حضور مجالس دينية.		
3- الانتساب إلى أنديه اجتماعية.		
4- مساعدة الأطفال على حل مشاكلهم الشخصية.		
5- رعاية الأطفال.		
6- الذهاب إلى حفلات.		
7- المشاركة بالرقص.		
8- قراءة كتب علم النفس.		
9- حضور اجتماعات أو مؤتمرات.		
10- الذهاب لمشاهدة أحداث ومباريات رياضية.		
11- مناقشة المواضيع.		

م	أميل	لا أميل
1- التأثير على الآخرين		
2- بيع الأشياء		
3- مناقشة المواضيع السياسية		
4- إدارة أعمال خاصة		
5- حضور مؤتمرات		
6- إلقاء خطب		
7- القيام بدور المسؤول عن المجموعة		
8- الأشراف على أعمال الآخرين		
9- مقابلة أشخاص ذو الأهمية		
10 - قيادة جماعة لتحقيق أهدافها		
11- المشاركة في حملة سياسية مثل الانتخابات		

ر	أميل	لا أميل
1- المحافظة على ترتيب غرفتك ومكتبك		
2- طباعة بحوث ورسائل		
3- القيام بإدارة الأعمال وما تتطلبه من عمليات حسابية		
4- استخدام آلات الأعمال الإدارية - كالآلة الكاتبة		
5- دراسة الموضوع بالكتابة على الآلة الكاتبة		

ر	أميل	لا أميل
6- القيام بحفظ سجلات مفصلة للمصاريف		
7- دراسة موضوع بإدارة الأعمال		
8- دراسة موضوع بمسك الدفاتر		
9- دراسة الموضوع بالحسابات التجارية		
10- تنظيم الملفات والرسائل والسجلات		
11- كتابة رسائل العمل		

ثالثاً: الكفاءات

ظلل المستطيل تحت كلمة أستطيع إذا كنت تستطيع القيام بالنشاط بشكل جيد أو ظلل المستطيل تحت كلمة لا أستطيع للنشاط الذي لا تستطيع القيام به بشكل جيد أو لم تقم به بتاتا.

و	أستطيع	لا أستطيع
1 - استخدام أدوات النجارة الكهربائية الآلية كالمنشار الآلي		
2- استخدام الفوليمتر		
3 - تصليح الكاربوريتر		
4 - استخدام آليات كهربائية مثل الثاقب الكهربائي		
5 - إعادة صقل وتلميع المصنوعات الخشبية		
6- قراءة تصاميم مختلفة (معماري، ميكانيكي)		
7 - عمل إصلاحات كهربائية بسيطة		

8 - إصلاح أثاث		
9 - عمل رسومات ميكانيكية		
10- أجراء تصليحات بسيطة للتليفزيون		
11 - أجراء تصليحات بسيطة بالمجاري.		

ع	أستطيع	لا أستطيع
1- معرفة كيفية استخدام صمام تفريغ الهواء (كالمكنسة الكهربائية)		
2- معرفة ثلاثة من أنواع الأغذية التي تحتوي على بروتين		
3- استخدام جداول تفكيك ذرات مادة ذات نشاط إشعاعي		
4 - استخدام جداول اللوغريتمات		
5 - استخدام المسطرة ذات الآلة الحاسبة		
6- استخدام الميكروسكوب		
7- تعيين ثلاث أبراج للنجوم		
8- وصف وظيفة كريات الدم الحمراء		
9 - تفسير معادلات كيمائية بسيطة		
10- معرفة سبب عدم سقوط النجوم		
11- المشاركة بنشاط علمي (معارض، مسابقات)		

ف	أستطيع	لا أستطيع
1- العزف على اله موسيقة		
2- المشاركة في الغناء مع كورس		
3- أداء العزف المنفرد		
4- التمثيل في المسرحية		
5- تفسير وقراءة الدور المسرحي		
6- إجادة رقص البالية		
7- رسم أشخاص يمكن التعرف عليهم		
8- القيام بالنحت أو الرسم		
9- صنع آنية فخارية		
10- تصميم ملابس أو إعلانات أو مفروشات		
11- كتابة شعر أو قصص بشكل جيد		

ج	أستطيع	لا أستطيع
1- شرح الأشياء أو المواقف للآخرين		
2- المشاركة في عمل الإحسان والخير		
3- التعاون والعمل بشكل أفضل مع الآخرين		
4- تسلية الناس الذين يكبرونك سنا		
5- أن تكون مضيفا جيدا		
6- تعليم الأطفال بسهولة		

7- أعداد برامج ترفهيه لحفلة ما		
8- مواساة من هم في حالة ضيق أو اضطراب		
9- عمل خير كمتطوع		
10- التخطيط لقضايا أو شؤون اجتماعية مدرسية أو دينية		
11- إصدار أحكام على الأشخاص الآخرين		

م	أستطيع	لا أستطيع
1- إدارة جماعة نشاط في المدرسة ثانوية أو كلية		
2- الأشراف على عمل الآخرين		
3 - إثارة الحماس والتصميم العالي جدا		
4- جعل من يحيط بك أن يعمل ما تريد		
5- أن تكون بائع جيد		
6- تمثل مجموعة في تقديم شكاوى واقتراحات لدى المسئولين		
7- الحصول على جائزة على عمل كبائع أو مسؤول مبيعات في المعارض		
8- القدرة على نشاط في نادي أو مع الأصدقاء		
9- القدرة على أداء عمل ناجح لوحدك		
10- أن تتصف بصفات القائد الناجح		
11- أن تكون مناقش مقنع.		

ر	أستطيع	لا أستطيع
1- الطباعة على الآلة الكاتبة		
2- تشغيل آلة سحب أو آلة تصوير		
3- القيام بالاختزال		
4- القيام بتنظيم الرسائل المتبادلة وأوراق أخرى		
5- أداء عمل مكتبي - مثل سكرتارية أو استعلامات		
6- استخدام أدوات مسك دفاتر		
7- انجاز أعمال مكتبية في وقت قصير		
8- استخدام آلة الدائن والمدين واستخدام الحاسب الآلي في عمليات تفسير المعلومات		
9- ترحيل حسابات الدائن والمدين		

رابعاً: المهنة

فيما يلي قائمة لمهن مختلفة، ظلل المستطيل تحت كلمة نعم وذلك بالنسبة للمهنة التي تميل أو تهتم أليها بها أو ظلل المستطيل تحت كلمة لا وذلك بالنسبة للمهنة التي لا تميل أليها أو تهتم بها.

و	نعم	لا
1- ميكانيكي طائرات		
2- اختصاص بعلم الحيوان البري والمائي		
3- ميكانيكي سيارات		

و	نعم	لا
4- نجار		
5- مشغل جرافة آلية		
6- مساح أراضى		
7- مراقب بناء		
8- مصلح جهاز الراديو		
9- موظف في محطة بنزين		
10- منسق حدائق		
11- سائق باصات		
12- مهندس		
13- ميكانيكي		
14- كهربائي		

ع	نعم	لا
1- عالم بالأرصاد الجوية		
2- عالم أحياء		
3- عالم فلك		
4- فني مختبرات طبية		
5- انتروبولوجي		

ع	نعم	لا
6- عالم بالحيوان		
7- كيماوي		
8- عالم بحوث علمية		
9- كاتب مقالات علمية		
10- محرر مجلة علمية		
11- جيولوجي		
12- عالم نبات		
13- عالم فيزياء		
14- عالم فيزياء		

ف	نعم	لا
1- شاعر		
2- قائد فرقة موسيقة (مايسترو)		
3- موسيقار		
4- مؤلف		
5- فنان دعايات		
6- أعداد موسيقى		
7- كاتب مستقل		

ف	نعم	لا
8- فني تماثيل		
9- صحفي		
10- مؤلف موسيقى ملحن		
11- مغني		
12- نحات فني		
13- مؤلف روايات مسرحية		
14- رسام كاريكاتيري		

ج	نعم	لا
1- عالم اجتماع		
2- مدرس		
3- خبير جناح الأحداث		
4- معالج كلام		
5- مرشد		
6- مدير مدرسة		
7- منظم ملاعب رياضية		
8- معالج نفسي		
9- مدرس مواد اجتماعية		

ج	نعم	لا
10- مشرف على معسكرات		
11- محامي		
12- طبيب		
13- مرشد مهني		
14- أخصائي اجتماعي		

م	نعم	لا
1- تعمل في البورصة		
2- وكيل مشتريات		
3- مدير مؤسسة إعلانية		
4- ممثل صاحب المصنع		
5- منتج تليفزيوني		
6- مدير فندق		
7- مدير مؤسسة تجارية		
8- مدير مطعم		
9- منظم حفلات		
10- مسؤول مبيعات		
11- بائع عقارات		

م	نعم	لا
12- منظم إعلانات		
13- مدرب رياضي		
14- مدير مبيعات		

ر	نعم	لا
1- كاتب حسابات		
2- مدرس إدارة أعمال		
3- مراجع ميزانية		
4- محاسب قانوني		
5- مسؤول تسليف وادخار		
6- كاتب اختزال في المحكمة		
7- صراف في بنك		
8- خبير ضرائب		
9- مراقب مخازن أو بضاعة		
10- مشغل معدات اى. بي. ام		
11- محلل مالي		
12- مقدر تكاليف		
13- محاسب رواتب		
14- فاحص مدقق في بنك		

خامساً: الصفات الشخصية:

ظلل المستطيل تحت كلمة نعم وذلك بالنسبة للصفات التي ترى أنها مشابهة لصفاتك أو ظلل المستطيل تحت كلمة لا وذلك بالنسبة للصفات التي ترى أنها غير مشابهة لصفاتك الشخصية.

و	نعم	لا
1- منساق		
2- صريح		
3- أمين		
4- متواضع		
5- مادي		
6- طبيعي غير متكلف		
7- مثابر		
8- عملي أو مرن		
9- بسيط		
10- خجول		
11- متزن		
12- مقتصد		

ع	نعم	لا
1- تحليلي		
2- حريص		
3- ناقد		
4- يحب الاستطلاع		
5- مستقل		
6- مفكر		
7- انطوائي		
8- منهجي التفكير		
9- بسيط متواضع		
10- دقيق		
11- عقلاني		
12- متحفظ		

ف	نعم	لا
1- عاطفي		
2- يعبر عن نفسه		
3- مثالي		
4- خيالي		

ف	نعم	لا
5- غير عملي (غير مرن)		
6- مندفع		
7- استغلالي		
8- حدسي (ذاتي)		
9- غير منساق		
10- يتصف بالأصالة		
11- معقد		
12- غير منظم		

ج	نعم	لا
1- ودود		
2- كريم (معطاء)		
3- معين		
4- مثالي		
5- متبصر		
6- عطوف		
7- يتحمل المسؤولية		
8- اجتماعي		

لا	نعم	ج
		9- لبق
		10- متفهم
		11- متعاون
		12- مقنع

لا	نعم	م
		1- مغامر
		2- طموح
		3- يهتم بذاته فقط
		4- متسلط
		5- نشيط
		6- متهور
		7- متفائل
		8- يبحث عن الملذات
		9- واثق من نفسه
		10- اجتماعي
		11- محبوب
		12- معروف

ر	نعم	لا
1- حي الضمير		
2- منساق أو منقاد		
3- حريص		
4- متحفظ		
5- محدود الطموح		
6- مطيع		
7- منظم		
8- مثابر		
9- عملي		
10- هادئ		
11- غير خيالي		
12- فعال		

سادساً: تقديرات الذات:

صنف نفسك على قائمة التصنيف التالية: وذلك طبقاً لرأيك بالمقارنة مع الآخرين بنفس عمرك وذلك بتظليل المستطيل حول الرقم المناسب وحاول ألا تصنيف نفسك بتقدير واحد لجميع القدرات كلما أمكن ذلك. مستفيداً من أجابتك عن الجزء السابق من هذا الاختيار.

	قدرة ميكانيكية	قدرة علمية	قدرة فنية	قدرة على التدريس	قدرة على بيع	قدرة كتابية
	7	7	7	7	7	7
عالي	6	6	6	6	6	6
	5	5	5	5	5	5
	4	4	4	4	4	4
متوسط	3	3	3	3	3	3
	2	2	2	2	2	2
منخفض	1	1	1	1	1	1
	و	ع	ف	ج	م	ر
	مهارات يدوية	قدرة حسابية	قدرة على الرسم	تكوين صداقات	مهارة إدارية	مهارة مكتبية
	7	7	7	7	7	7
عالي	6	6	6	6	6	6
	5	5	5	5	5	5
	4	4	4	4	4	4
متوسط	3	3	3	3	3	3
	2	2	2	2	2	2
منخفض	1	1	1	1	1	1
	و	ع	ف	ج	م	ر
المجموع						

سادسا: كيف تنظم إجابتك

ابدأ بصفحة رقم وعد كم مرة آخذت إجابة إيجابية سواء كانت أميا أو أستطيع أو نعم، وسجلها في مكانها تحت الرموز التي تمثلها سواء كانت نشاطات كفاءات مهن صفات شخصية وذلك في المخطط التالي:

أجزاء الإحصاء	و	ع	ف	ج	م	ر
النشاطات						
الكفاءات						
المهن						
تقدير الذات						
الصفات الشخصية						
المجموع						

الرموز الثلاثة التي حصلت فيها على أعلى الدرجات تشير إلى المهن التي تفضلها على غيرها، يرجى ترتيبها أدناه تنازلياً مثلاً لو حصلت على أعلى الدرجات في وثم تليها ف، ثم تليها ر هنا تضع قيمة وتحت كلمة الثاني، ثم تضع قيمة ر تحت كلمة الثالث.

ترتيب الإجابة:

الأول

الثاني

الثالث

سابعا: تفسير الرموز الثلاثة التي حصلت عليها عند الإجابة على هذا الاختبار:

أولاً: استخدم دليل المهن التي تتفق مع الرموز التي وصلت أليها في الصفحة السابقة فإذا حصلت على الأحرف الثلاثة: (و ف ر) فإن المهن التي تقع تحت هذا الرموز مناسبة لك، سجل مهن منها أدناه مع تحديد المستوى الدراسي المناسب لها:

الرقم	المهنة	المستوى الدراسي
1		
2		
3		
4		
5		
6		

أما إذا كانت الرموز التي حصلت عليها لا تتفق مع ترتيب الرموز في دليل المهن فعليك البحث عن الرموز المشابهة للرموز التي حصلت وإن اختلفت في الترتيب والعدد سجل ست مهن أدناه منها مع تحديد المستوى الدراسي المناسب لها.

الرقم	المهنة	المستوى الدراسي
1		
2		
3		
4		
5		
6		

ثانياً: قارن الرموز التي حصلت عليها برموز المهن التي سجلتها في صفحة السابقة من المقياس والمفروض أن تكون متشابهة أو متقاربة أن كانت مختلفة فإنه من الأفضل مناقشة المرشد في مدرستك في ذلك أو ارجع إلى دليل المهن وابحث عن المعلومات التي تتعلق في المهن التي تمثلها الرموز المختلفة وتعرف الفروق بينها قابل أناس عاملين بمثل هذه المهن وناقش معهم المهن التي ترغب القيام بها أقرا بعض البحوث والمقالات حولها التي توضح متطلبات هذه المهن سواء كانت صفات شخصية أو متطلبات دراسية. (أبو عيطة، بلا تاريخ)

رابعا: الميول المهنية لهولاند

هذا المقياس ينطلق من نظرية هولاند ويمكن الاستفادة من هذه المقياس في زيادة وعي الطلبة بميولهم المهنية.

تمثل الميول المهنية مجالاً هاماً من مجالات اهتمام العلماء والباحثين في ميدان التربية من منطلق حقيقة هامه مؤداها أن التربية تفقد الكثير من كفاءتها وفعاليتها إذا تمت بمعزل عن ميول المتعلم كما تأكدت أهمية الميول كعامل من العوامل الرئيسية في توجيه الفرد نحو نوعية الدراسة أو المجال المهني الذي يشبع حاجاته ودوافعه النفسية ويحقق له الرضا والاستقرار المهني.

تعددت أراء علماء النفس حول مفهوم الميول ومحدداتها وخصائصها وتفسير نشأتها وتطورها عند الفرد ومن ثم تعددت تعريفاتها ومن هذه التعريفات التعريف الذي ورد في قاموس دريفر لعلم النفس ومؤداه أن الميل عامل من عوامل تكوين الفرد قد يكون مكتسبا ويدفع الفرد إلى الانتباه لأمور معينه وهو من الناحية الوظيفية نوع من الخبرة الوجدانية تستحوذ على اهتمام الفرد وترتبط بانتباهه إلى موضوع معين أو قيامه بعمل ما. (Drever,1961)

كما يتفق كل من بردي Berdie وكول Cole وهانسون Hanson على أن الميول تعني ببساطه فئات أو مجموعات من الأشياء أو الأشخاص التي يتقبلها أو يرفضها الفرد وتقوده إلى نماذج أو أنماط متسقة من السلوك. ويعرف بنجهام الميل بأنه النزعة التي تؤدي إلى الانغماس في خبره ما والاستمرار فيها ولا يعرف الميل فقط من مسميات الأشياء أو الأنشطة التي تجذب انتباه الفرد وتحقق له الإشباع أو الرضا ولكن أيضا في قوة النزعة نحو البحث عن الأنشطة أو الأشياء التي تحقق قدرا كافيا من الإشباع أو الرضا.(Dawis, 1991)

كما ينظر كثير من علماء النفس إلى الميول باعتبارها سمه من سمات الشخصية ويبدو ذلك في تعريف جيلفورد للميل بأنه نزعه سلوكيه عامه لدى الفرد للانجذاب نحو نوع معين من الأنشطة ويعني بقوله نزعه سلوكيه عامه أنه ليس شيئا أكثر من كونه سمه عامه كما يعني بالانجذاب نحو إن الفرد يهتم أو يتجه نحو، أو يبحث عن أو يهدف إلى الحصول على شيء له قيمة كامنة بالنسبة له، وكون الفرد ينجذب نحو أنشطة معينة معناه أن الميل اقرب إلى أن يحدد ما يفعله الفرد، أكثر مما يحدد كيف يفعله وتعريف الميل على هذا النحو يضعه في المجال العام للدوافع فالميول كالحاجات والاتجاهات تكون نوعا من السمات التي يمكن أن يطلق عليها دينامية أو دافعيه. (غنيم، 1972)

ويرى سوبر أن هناك أربعة معان لمصطلح الميل ترتبط بأساليب الحصول على بيانات الميل فهناك الميل الذي يعبر عنه الفرد لفظيا والميل الذي يظهر في مشاركة الفرد في نشاط أو عمل أو مهنه والميل الذي تقيسه الاختبارات الموضوعية والميل الذي تقيسه الاستبيانات التي تشمل أوجه النشاط والأشياء والأشخاص الذين يفضلهم الفرد ولا يفضلهم. (عبد الحميد، 1983) كما ظهر أن الأفراد ذوي الميول المهنية المتنوعة لديهم القدرة على النجاح في سلسلة من البيئات المهنية، كما أن الميول المهنية المتنوعة مفيدة في مواجهة التغيرات المهنية خلال فترة البلوغ (Osipow, 1999).

وقد توصل أكرمان وهيجستاد (Akerman and Heggestad, 1997) أن الأشخاص ذوي الذكاء المرتفع لديهم تنوع في ميولهم المهنية بدرجة اكبر من الأفراد ذوي الذكاء المتدني، ووجد أن هناك علاقة قوية بين العلامات المدرسية وتنوع الميول المهنية،ووجد أيضا علاقة إيجابية بين تنوع الميول المهنية والانبساطية.

إن تأثير التوقعات على الميول المهنية والسلوك الاستكشافي تمت دراسته فوجود كفاية ذاتية مرتفعة وتوقعات ناتجة إيجابية بالنسبة لمهنة ما يفترض أن تؤثر على السلوك الاستكشافي لهذا الفرد وبالتالي تطوير ميول مهنية إيجابية نحوها وهذا بدوره يزيد من

احتمالية اختيار المهنة وفي المقابل وجدت سوانسون وووتك (Swanson and Woitke, 1997) أنه وبالرغم من وجود كفاءة ذاتية وميول مهنية مرتفعة نحو مهنة معينة، فإنهم قد يوقفون السعي لها إذا وجدوا معيقات أو توقعات مشوهة، وعليه فإن وجود التوقعات الخاطئة والمشوهة قد تحفزه لإيجاد تقنية فعالة لإحداث تغيير إيجابي في الإرشاد المهني.

فقد لاحظ ميوشنكسي (Muchinsky, 1994) أن خبرات الحياة للفرد لها أثار مباشرة أو غير مباشرة على القرارات التي تتعلق بمتابعة أو الاهتمام بمهنه محددة دون غيرها، كما أن للتحصيل الأكاديمي والميول الأكاديمية، والوضع الاجتماعي الاقتصادي ومستوى رقابة الوالدين هي عوامل مؤثرة في تاريخ الفرد وتؤثر على الميول المهنية، وبالتالي فإن الناس ذوي الخبرات الحياة المتشابهة لهم ميول مهنية متشابهة (Wilkinson, 1997).

إن معرفة الميول المهنية تساعد في تحديد المهارات التي يفضل أن يمتلكها الفرد في كل مرحلة من مراحل النمو المهني، إذ تمثل الميول المهنية سمة هامة من سمات الشخصية، وترتبط ارتباطاً وثيقاً بالإقبال على نواحي النشاط في المجالات المختلفة،كما تساهم مع غيرها من السمات كالاتجاهات والقيم والقدرات في تشكيل النضج المهني (محمود، 1999)، وتنمو الميول من خلال انخراط الفرد في نشاطات وخبرات مختلفة حيث يقوم الفرد بعملية تحليل معرفية للمعلومات التي يشكلها من هذه النشاطات، وهذا التحليل يقود إلى بلورة وتشكيل الميل من خلال النشاط الذي سيمارسه، إن الأفراد يكونون أكثر رضا إذا عملوا في المهنة التي تتطلب نمطاً من الميول أقرب إلى سماتهم الشخصية (الشرعة، 1993) وبهذا فإنها تدفع بصاحبها إلى الانتباه والتوجه نحو أهداف معينة.

ومنذ البدايات يوصي المرشدين بالانتباه إلى ميول الأفراد منذ مراحل عمريه مبكرة معرفة الأشياء التي يحبونها ويميلون لها وتنظيم هذه الميول وتشجيعها، وكيف تتغير هذه الميول مع مرور الزمن وتتطور وزيادة الخبرات التعليمية والحياتية (Tracey, 2001) وبالتالي حسن الاختيار المهني وبالرضا المهني.

مقياس هولاند للميول المهنية تطوير (نزال، 2005)

يضم مقياس هولاند للميول المهنية مجموعة من المهن مدرجة في القائمة التالية من رقم "1" ولغاية رقم "84"، بعضها يعجبك وبعضها لا يعجبك، اقرأها جيدا ثم ضع على ورقة الإجابة المرفقة إشارة دائرة حول كلمة نعم، إن كانت المهنة تستهويك وتجذبك، أو بوضع دائرة حول كلمة لا إن كنت لا تميل إلى هذه المهنة ولا تعجبك، علما بأن إجاباتك سوف تبقى سرية وهي لغايات البحث العلمي.

نموذج الإجابة

1-ميكانيكي سيارات نعم لا	2 - سائق نعم لا	3 - نجار نعم لا	4 - طباخ نعم لا	5 –مقاول بناء نعم لا	6 – ضابط أمن نعم لا
7 – مساح أراضي نعم لا	8 - مهندس إنتاج نعم لا	9 -حداد نعم لا	10 - ضابط في الجيش نعم لا	11 – كهربائي سيارات نعم لا	12 -طوبرجاي نعم لا
13 -مزارع نعم لا	14- خبير أرصاد جوية نعم لا	15-صيدلي نعم لا	16 –عالم في الكيمياء نعم لا	17 –مشغل محطة كهربائية نعم لا	18- مدقق في بنك نعم لا
19 – مراقب جودة إنتاج في مصنع نعم لا	20 – أمين مستودع نعم لا	21 –خبير ضرائب نعم لا	22 –صراف في بنك نعم لا	23 – طابع على الحاسب نعم لا	24- محاسب نعم لا
25 – عامل في كازية نعم لا	26 - إحصائي نعم لا	27 – متعهد حفلات نعم لا	28 – كاتب جداول رواتب نعم لا	29 - محرر مساعد نعم لا	30 - محامي نعم لا

31 -قاضي نعم لا	32 - تاجر مضارب نعم لا	33 - جراح نعم لا	34 -كاتب مقالات علمية نعم لا	35 - محلل نظم نعم لا	36 - عالم فلك نعم لا
37- عالم أحياء نعم لا	38 - مهندس تصميم نعم لا	39 - عالم نفس تربوي نعم لا	40 - دكتور في الجامعة نعم لا	41 -عالم نبات نعم لا	42 - عالم فيزياء نعم لا
43 - متخصص في علم الحيوان نعم لا	44 - مرشد تربوي نعم لا	45 -طبيب نفسي نعم لا	46 - باحث اجتماعي نعم لا	47 - إمام جامع نعم لا	48 - مدرس مواد اجتماعية نعم لا
49 - رئيس لجنة اجتماعية نعم لا	50- معالج نطق نعم لا	51 - معالج مهني نعم لا	52 - ممرض نعم لا	53 -مدير مؤسسة خيرية نعم لا	54 - طبيب نعم لا
55 - عالم اجتماع نعم لا	56 - مساعد مدير مدرسة نعم لا	57 - محقق جنائي نعم لا	58 - دبلوماسي نعم لا	59 -مخرج تلفزيوني نعم لا	60 - مدير مبيعات نعم لا
61 -بائع عقارات نعم لا	62 - رئيس غرفة تجارية نعم لا	63 -مدير مشروع نعم لا	64 -طيار نعم لا	65 - مدير دعاية وإعلان نعم لا	66 - معلق سياسي نعم لا
67 -صاحب مصنع نعم لا	68 - باحث علمي نعم لا	69 - معماري نعم لا	70 - ممثل نعم لا	71- مصمم أزياء نعم لا	72 -شاعر نعم لا

73- رسام إعلانات تجارية نعم لا	74 -مصور نعم لا	75 -مدرب مسرح نعم لا	76 -كاتب روايات مسرحية نعم لا	77 -مؤلف أدبي نعم لا	78 -قائد فرقة مسرحية نعم لا
79 -مصمم داخلي نعم لا	80 - مغني في فرق موسيقة نعم لا	81 -رسام كاريكاتير نعم لا	82 - واعظ ديني نعم لا	83 - كاتب ديوان نعم لا	84 - سكرتير نعم لا

تم استخدام مقياس هولاند الذي طوره الحواري (1982) على البيئة الأردنية، ويتكون مقياس هولاند المطور من ستة مقاييس فرعية، يقيس كل منها بيئة من بيئات العمل التي يفضلها الفرد،كما يقيس أيضاً أنماط الشخصية المهنية التي ينتمي إليها ذلك الفرد.

ويحتوي كل مقياس على أربعة عشره فقرة، هي عبارة عن أسماء أربعة عشرة مهنة،ويطلب من المفحوص بأن يضع دائرة حول كلمة نعم إذا كان يفضلها أو يضع دائرة حول كلمة لا إذا كان لا يفضلها.

ويستخدم اختبار هولاند لقياس ميول الفرد المهنية بغرض توجيهه مهنياً حسب هذه الميول، فإذا أظهر الفرد ميلا عالياً على مقياس من المقاييس فإنه يوجهه إلى البيئة التي يدل عليها هذا المقياس ليأخذ منها مهنة تناسب ميوله.

وفيما يلي وصفا لكل مقياس فرعي في الاختبار:

1- المقياس الواقعي: يدل هذا المقياس على الأعمال التي تتطلب مجهوداً عضلياً وتؤدى بشكل فردي ويقاس بالفقرات (1، 3،2، 4، 5، 6، 7، 8،9،10، 11، 12، 13، 17).

2- المقياس العقلي: يدل هذا المقياس على الأعمال التي تتطلب مجهوداً عقلياً وأغلب هذه الأعمال يؤديها شخص بمفرده ويقاس بالفقرات (14، 15، 16، 33، 34، 35، 36، 37، 38، 39، 40، 41، 42، 43).

3- المقياس الاجتماعي: يدل هذا المقياس على الأعمال الجماعية التعاونية والتي تتصف بمساعدة الآخرين وإرشادهم وتخفف آلامهم وتقاس بالفقرات (82، 56، 55، 54، 53، 52، 51، 50، 49، 48، 47، 46، 45، 44).

4- المقياس التقليدي:يدل هذا المقياس على الأعمال التي تتطلب دقة في الأداء وإتباع التعليمات كالأعمال الكتابية وتدقيقها ويقاس بالفقرات (84، 83، 68، 29، 28، 26، 25، 24، 23، 22، 21، 20، 19، 18).

5- المقياس المغامر: يدل هذا المقياس على الأعمال التي تتطلب قيادة اجتماعية كإدارة المشاريع والمؤسسات التجارية والقيادة السياسة ويقاس بالفقرات (67، 66، 65، 64، 63، 62، 61، 60، 58، 57، 32، 31، 30، 27).

6- المقياس الفني: يدل هذا المقياس على الأعمال التي تتطلب إبداعا وقدرة فنية على التعبير الرمزي عما يدور في النفس ويقاس بالفقرات (81، 80، 79، 78، 77، 76، 75، 74، 73، 72، 71، 10، 69، 59).

تصحيح وتفسير المقياس:

تتم الإجابة على كل فقرة من فقرات المقياس بنعم إذا كان يحب المهنة ولها (2) علامة، أو لا إذا كان لا يحب المهنة ولها علامة واحدة، وبذلك تتراوح العلامة الكلية لكل مقياس بين 28 و 14 علامة بمتوسط علامات 21، وبما يساوي 1.5 علامة وهي درجة القطع ما بين من لديه ميول ملائمة ومن لديه ميول مهنية غير ملائمة.

كما تتراوح العلامة الكلية للمقياس ككل ما بين 164 إلى 84 علامة بمتوسط علامات

126 وبما يساوي 1.5 علامة وهي درجة القطع، وبهذا يكون الطالب الذي يحصل على علامة 21 فأكثر في أي مقياس فرعي يكون لديه ميول مهنية ملائمة في ذلك المقياس، والطالب الذي يحصل على علامة 126 فأكثر في المقياس ككل يكون لديه ميول مهنية ملائمة. (نزال، 2005)

خامسا: مقياس الميول المهنية / مقتبس عن ثرستون

اسم الطالب/الطالبة: .... العمـر: ....

المدرسة: .... الصف: .... التاريخ: ....

أقرأ: الغرض من هذا الاستبيان هو معرفة ما تفضله من مهن أو وظائف وذلك لمساعدتك في اختيار المهنة أو الوظيفة التي تناسبك أو اختيار المدرسة أو التخصص الذي يناسب مهنة المستقبل, وقد كتبت هذه المهن في مربعات كل زوج منها في مربع والمطلوب منك أن تقارن بين كل زوج ثم تبين تفضيلك لإحدى المهنتين أو في كليهما فاشطب ما لا ترغبه وذلك بوضع إشارة (✖) على ما لا تفضل وإليك بعض الأمثلة وهي مأخوذة من أجوبة طالب.

وضع الطالب دائرة حول رقم (1) كما في الشكل لأنه يفضل أن يكون مدرساً على أن يكون فلاحاً.

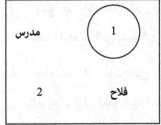

وضع الطالب دائرة حول رقم (2) في الشكل المجاور لأنه يفضل أن يكون ضابطاً على أن يكون موسيقاراً.

97

وضع الطالب دائرتين حول رقمي مهندس وطبيب لأنه لا يفضل واحدة عن الأخرى ويرغب بهما بنفس الدرجة.

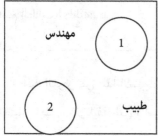

خطوات تحليل الاستبيان

● بعد إجابة الطالب على الاستبيان يقوم المرشد بالآتي:

أ‌- جمع عدد المربعات التي يشير فيها الطالب إلى الرقم (2) من الصف رقم (1) ع ف 2 مع عدد المربعات التي يشير فيها الطالب إلى رقم (1) من العمود الأول ع ف 1.

ب‌- جمع عدد المربعات التي يشير فيها الطالب إلى رقم (2) من الصف رقم (2) ب2 مع عدد المربعات التي يشير فيها الطالب إلى رقم (1) من العمود الثاني ب1.

ج‌- جمع عدد المربعات التي يشير فيها الطالب إلى رقم (2) من الصف رقم (3) ع ح 2 مع عدد المربعات التي يشير فيها الطالب إلى رقم (1) من العمود الثالث ع ح 1، وهكذا يتم جمع العمود (4) من الصف (4) بنفس الطريقة وبنفس الطريقة يتم التعامل مع بقية الأعمدة والصفوف.

د‌- يتم استخدام قائمة الرسم البياني المرفقة، حيث يظل الأعمدة حسب مقدار حاصل الجمع لكل عمود.

هـ‌- يتم تفسير ميول الطالب من خلال درجته على الأعمدة والمرتبة في الشكل البياني.

	1	2	3	4	5	6	7	8	9	10	مجموع
	ع ف 1	ب1	ع ح 1	أ ع 1	أ د 1	أ ق 1	ل غ 1	أ ن 1	ف ن 1	م1	
صف 1	1 فيزيائي مهندس 2	1 طبيب فيزيائي 2	1 مدقق حسابات صيدلي 2	1 موظف بنك مصمم آلات 2	1 مدير نادي مهندس مدني 2	1 محام دفاع مهندس جسور 2	1 صيدلي أخصائي رياضيات 2	1 رعاية طفولة مصمم طائرات2	1 فنان تجاري مهندس ميكانيكي 2	1 قائد موسيقى مخترع 2	
صف 2	1 مهندس ميكانيكي علم تشريح 1	1فيزيولوجي علم أحياء 2	1 إحصائي علم نبات 2	1 مدير أعمال فيزيولوجي 2	1رئيس بلدية بيولوجي 2	1 حكم موظف صحة 2	1 مراسل أجنبي أخصائي بستنه 2	1 رجل دين طبيب 2	1 ناقد فني يكتر وبولوجي 2	1 مؤلف موسيقى جراح 2	
صف 3	1 مخترع مدير مشتريات 2	1فيزيولوجي إحصائي 2	1 حاسب كلفة خبير ضرائب 2	1 صانع أشياء فاحص حسابات 2	1 قاضي خبير ضرائب 2	1 سياسي محلل كلفة 2	1 معلق إذاعي إحصائي تأمين 2	1 مرشد مهني محاسب2	1 فنان فاحص حسابات 2	1 عازف بيتو صراف 2	
صف 4	1 صيدلاني بائع سيارات 2	1عالم التشريح صانع الأشياء	1 محاسب تاجر مارد 2	1 تاجر مفرد صانع أشياء 2	1 محافظ تاجر جملة 2	1 خطيب سياسي مصرفي 2	1 رئيس تحرير مستورد 2	1 موظف حكومة مدير فندق 2	1 رسام مقاول 2	1 عازف كمان دلال 2	

	1	2	3	4	5	6	7	8	9	10	مجموع
	ع ف 1	ب1	ع ح 1	أ ع 1	أ د 1	أ ق 1	ل غ 1	أ ن 1	ف ن 1	م1	
صف 5	1 مهندس كهربائي مدير متحف 2	1 بيولوجي مدير مصنع 2	1 إحصائي تأمين مدير نادي 2	1 دلال مدير بلدية 2	1 مدير فندق مدير بلدية 2	1 كاتب إعلانات ضابط 2	1 كاتب في مجلة قبطان 2	1 رجل دين مدير مدرسة 2	1 نحات قاضي 2	1 مغني مدير مستشفى 2	
صف 6	1 أخصائي رياضيات محام دفاع 2	1 بكترويولوجي مدير إعلانات 2	1 فاحص مصرفي حكم رياضي 2	1 دلال خطيب سياسي 2	1 ضابط سواحل صحفي 2	1 محام دفاع خطيب سياسي 2	1 مؤرخ بائع 2	1 أخصائي اجتماعي موظف تأمين 2	1 رسام كاريكاتير سياسي 2	1 رئيس جوقة مغنين مدير مبيعات 2	
صف 7	1 فيزيائي مؤلف 2	1 عالم نباتي في السلك الدبلوماسي 2	1 محلل تكليف محاضر 2	1 مدير مخزن محام2	1 مدير مستشفى صحفي 2	1 مدير مبيعات أستاذ جامعي 2	1 رئيس تحرير كاتب مجلة 2	1 سكرتير نادي معلق في جريدة 2	1 مهندس زراعي مؤرخ 2	1 مؤلف أغان مراسل أجنبي 2	
صف8	1 فلكي رجل دين 2	1 عالم بستنه مدير نادي 2	1 مدير مشتريات قاضي أحداث 2	1 تاجر مارد مرشد مهني 2	1 مدير مدرسة باحث اجتماعي2	1 مدير إعلانات سكرتير نادي 2	1 محام في الهلال الأحمر 2	1 رعاية طفولة في الهلال الأحمر 2	1 مدير مسرح رجل دين 2	1 عازف رعاية طفولة 2	

	1	2	3	4	5	6	7	8	9	10	مجموع
	ع ف 1	ب1	ع ح 1	أ ع 1	أ د 1	أ ق 1	ل غ 1	أ ن 1	ف ن 1	م1	
صف 9	1 مصمم آلات مهندس زراعي 2	1 جراح نحات 2	1 خبير ضرائب مصمم أزياء 2	1 تاجر جملة ناقد فني 2	1 قبطان سفينة فنان تجاري 2	1 مذيع مدير مسرح 2	1 مؤلف فنان 2	1 في الهلال الأحمر رسام 2	1 فنان تجاري ناقد فني 2	1 مدرس موسيقى مصمم أزياء	
صف 10	1 خبير الكتروني مدرس موسيقى 2	1 بيولوجي عازف بيانو 2	1 صراف قائد موسيقة 2	1 وسيط تأمين كاتب أغان 2	1 مدير مصنع عازف بيانو 2	1 موظف تأمين عازف قانون 2	1 دبلوماسي مؤلف موسيقى 2	1 مدير نادي مغن 2	1 مصمم أقمشة رئيس أوركسترا 2	1 عازف بيانو عازف كمان 2	
مجموع											

رسم بياني لميول الطالب:

الاسم: .... الصف: .... التاريخ: ....

م: موسيقى، فن: فن، أ ن: إنسانيات، ل غ: لغات، أ ق: إقناع، أ د: إدارة، أ ع: أعمال، ع ح: عمليات حسابية، ب: بيولوجي، ع ف: علوم فيزيائية.

م	فن	أ ن	ل غ	أق	أ د	أ ع	ع ح	ب	ع ف	حاصل جمع الصف الأول + العمود الأول
										20
										18
										16
										14
										12
										10
										8
										6
										4
										2

(الخواجا، 2003)

سادسا: مقياس النضج المهني لكرايتس

هذا المقياس ينطلق من قائمة كرايتس ويساعد المرشد في تحديد مدى نضج الطلبة المهني واستعدادهم للاختيار المهني السليم.

يعد مفهوم النضج المهني مفهوماً غير واضح ويختلف باختلاف الخلفية النظرية لعلماء الإرشاد والتوجيه المهني ورواده؛ وربما يعود عدم الوضوح هذا إلى أنه مفهوم افتراضي ويستدل عليه من مظاهره ونتائجه. ويعتبر أصحاب الاتجاه التطوري في الإرشاد المهني من أبرز الرواد الذين أعطوا تصوراً واضحاً للنضج المهني (الشرعة، 1998). فقد أكد سوبر (Super) أن النضج المهني يعني استعداد الفرد للتعامل مع المهمات المهنية النمائية المناسبة لمرحلته العمرية أو لأبناء عمره، ويرى أن المفتاح الرئيسي للاختيارات المهنية هو النضج المهني(Super,1988).

ويرى هولاند (Holland) وهو من أصحاب الاتجاه الشخصي إلى أن النضج المهني يشير إلى مدى قدرة الفرد على معرفة ذاته، وتوفر المعلومات الصحيحة عن عالم المهن وسوق العمل، وانه امتداد شخصية الفرد إلى عالم العمل يتبعه تطابق لاحق مع أنماط مهنية، وأهم محددات الاختيار المهني هو مقارنة الذات مع إدراك الفرد للمهنة، وهذا بالتالي يقود إلى اتخاذ القرار المهني السليم (Osipow،3198).

مقياس كرايتس (Crites) لنضج الاتجاه المهني، الشكل الإرشادي

الأبعاد الفرعية للمقياس هي:

1- التأكد في اتخاذ القرار المهني، وهو مدى تأكد الفرد من اختياره المهني. وتقيسه الفقرات: 2، 4، 12، 17، 19، 21، 26، 40، 45، 46.

2- الاهتمام في اتخاذ القرار المهني، وهو مدى اهتمام الفرد في المشاركة في اختياره

3- المهني. وتقيسه الفقرات: 1، 7، 11، 18، 22، 24، 27، 30، 31، 37، 39، 41، 44، 47.

4- الاستقلال في اتخاذ القرار المهني وهو مدى استقلال الفرد في اختياره المهني أو اعتماديته على الآخرين. وتقيسه الفقرات: 3، 8، 13، 23، 28، 33، 38، 42،

5- توفر المعلومات في اتخاذ القرار المهني وهو مدى توفر المعلومات اللازمة أو الخاصة للاختيار المهني. وتقيسه الفقرات: 9، 14، 29، 43.

6- التوفيق في اتخاذ القرار المهني، وهو مدى رغبة الفرد في التوفيق بين حاجاته والواقع. وتقيسه الفقرات: 5، 6، 10، 15، 16، 20، 25، 32، 34، 35، 36. (السفاسفة، 1993).

ويعرف النضج المهني بأنه: مجموعة السلوكيات والإجراءات المهنية التي تقود إلى تضيق الخيارات المهنية وبالتالي اتخاذ القرار المهني السليم (السفاسفة، 1993).

وضع اختبار ميول أو تحصيل أو استعدادات، ويمكن استخدام المعلومات التي نحصل عليها هذا المقياس ليشمل الاتجاهات والمشاعر نحو الاختيار المهني ودخول عالم العمل، وهو ليس من المقياس في التخطيط لاختيار مهنة المستقبل.

لذا يرجو الباحث الإجابة على المقياس بدقة واهتمام، مع العلم أن هذه المعلومات سرية ولغاية البحث العلمي.

الرقم	الفقرة	نعم	لا
-1	غالبا ما احلم بالمهنة التي سوف اعملها، ولكنني في الحقيقة لم اختر مجالاً مهنياً حتى الآن.	1	2
-2	من المحتمل أن انجح في مهنة ما اختار، انجح في أي مهنة أخرى.	2	1
-3	اخطط لأتباع المهنة التي يقترحها على الأهل.	1	2

-4	لا اعرف ما افعل كي التحق بالمهنة التي أريد أن اعمل بها.	1	2
-5	عند اختيار مهنة ما يجب أن أفكر في مهن عديدة.	2	1
-6	يبدو أن كل فرد يعطيني وجهة نظر مختلفـة. لـذلك لا اعـرف أي نـوع مـن العمل اختار.	1	2
-7	لا يهم أي مهنة اختار، طالما أن دخلها المالي جيد.	1	2
-8	على أن أقرر بنفسي أي نوع من المهن أريد.	2	1
-9	اعرف قليلاً عن متطلبات المهن.	1	2
-10	غالبا ما اشعر بوجود اختلاف حقيقي بين إمكانياتي وتطلعاتي المهنية.	1	2
-11	من الصعب أن يتخذ الإنسان قرارا مهنيا، وذلك لكثرة الأمـور التـي يجـب أن تؤخذ بعين الاعتبار عند اختيار المهنة.	1	2
-12	لا فائدة من اختياري أي مهنة إذا كان مستقبلي المهني مشكوك فيه.	1	2
-13	من المحتمل أن والداي يعرفان أكثر من أي شخص أخر أي مهنـة يجـب عـلى الالتحاق بها.	1	2
-14	لا اعرف ما هي التخصصات التي يجب أن التحق بها في الجامعة	1	2
-15	اقضي كثيرا من الوقت متمنيا انحاز عمل اعرف أنني لا أستطيع انجازه أبدا.	1	2
-16	الأفضل أن تمارس عددا من المهن ثم تختار المهنة التي تحبها أكثر.	2	1
-17	لكل شخص مهنه واحدة فقط.	1	2
-18	عندما يحين الوقت لاتخاذ القرار المهني، فإنني سأقرر المهنة التي أريدها.	1	2

-19	لا أستطيع أن افهم كيف يكون بعض الناس متأكدين مما يريدون عمله		1	2
-20	اشعر أحيانا بأنه على اختيار مهنه لا تعتبر اختياري الأول.		2	1
-21	أقوم بتغيير اختياري المهني باستمرار.		1	2
-22	لن أزعج نفسي في اختيار مهنة ما حتى أتخرج من المدرسة.		1	2
-23	لن يكون خطأك جسيما إذا اتبعت رأي الوالدين باختيار المهنة المناسبة		1	2
-24	نادرا ما أفكر في المهنة التي أريد الالتحاق بها.		1	2
-25	أتساءل باستمرار كيف أستطيع أن أوفق بين نمط شخصيتي ونمط الشخصية التي أريد أن أكونها في مستقبلي المهني.		1	2
-26	فيما يتعلق باختياري المهني فأنني سأجد ما يناسبني عاجلاً أم أجلا.		2	1
-27	غالبا ما يتم اختيار مهنة معينة بالصدفة.		1	2
-28	أن اختياري للمهنة أمرا يجب أن أقوم به بنفسي.			
-29	لدي فكرة بسيطة أو حتى ليس لدي فكرة عن طبيعة أجواء العمل.		1	2
-30	لن أتخلى عن شيء في سبيل الوصول إلى المهنة أو الوظيفة التي أريدها.		2	1
-31	أفضل العمل أكثر من اللعب.		2	1
-32	المهم في المهنة أن تعرف الأشخاص الذين يعملون فيها، وليس ما تعرفه أنت عن هذه المهنة.		1	2
-33	لا أريد من والدي أن يخبراني عن المهنة التي على اختيارها.		2	1
-34	أجد من الصعب على تهيئة نفسي للعمل الذي عليّ الالتحاق به.		1	2
-35	اشعر بأن أهدافي المهنية فوق مستواي ولن أكون قادرا على تحقيقها أبدا		1	2

-36	لا ادري فيما إذا كـان مسـتقبلي المهنـي سـيتيح لي أن أكـون الشـخص الـذي أريده	1	2
-37	لا تقلق نفسك باختيار مهنة ما، لأنه ليس بيدك ما تفعله بهذا الصدد عـلى آيـة حال.	1	2
-38	إذا دلني شخص ما على المهنـة التـي يجـب علـيّ اختيارهـا سأشـعر بالراحـة والسعادة.	1	2
-39	لا أجد المهنة التي تجذبني إليها.	1	2
-40	لست متأكدا من أن خططي المهنية واقعية	1	2
-41	عليّ اختيار مهنة تجعلني في يوم ما مشهوراً.	2	1
-42	عادة ما يستطيع الوالدان اختيار المهن الملائمة لأبناهم.	1	2
-43	أن اتخاذ قرار مهني يربكني لأنني لا اعرف ما قيمة الكفاية عـن نفسي۔ و لا عن عالم العمل.	1	2
-44	لدي اهتمامات مهنية كثيرة، لذلك من الصعب اختيار مهنة واحدة فقط.	1	2
-45	الدخول في مهنة ما، لا يختلف عن الدخول في مهنة لي.	2	1
-46	اشعر أنه عليّ اختيار المهنة التي يختارها والدي لي.	1	2
-47	من الصعوبة على أن أتخيل نفسي في أي مهنة	1	2

(السفاسفة، 1993)

التصحيح والتفسير للمقياس:

هذا المقياس مخصص للتأكد من مستوى النضج المهني، ويتكون المقياس من (47) فقرة، تكون الإجابة عليها بنعم أو لا، وذلك حسب انطباق أو عدم انطباق مضمون الفقرة على المستجيب، حيث يتراوح مجموع الأداء للمستجيب بين (صفر-47)، ويمكن تطبيق الاختبار على الأفراد من مستوى الصف السادس حتى مستوى الصف الثاني عشر، ويعطي هذا المقياس علامة كلية لمستوى النضج المهني عند المفحوص. وبالتالي فإن العلامة المرتفعة فوق(24) تدل على مستوى نضج مناسب.

سابعا: قائمة القيم المهنية

قام بعمل قائمة القيم المهنية: Donald E Super. P h. D., and Dorothy Dnevill p h. D Univer Sity of Florida .

تحتوي قائمة القيم المهنية على 106 فقرات ويستمر التطبيق بين 30 إلى 40 دقيقة. وتتبع القيم لـ "21" قيمة مختلفة البعض من هذه القيم مستقلة بينما أخرى مترابطة ولكنها ذات أفكار مختلفة، ويتم الطلب من الشخص في هذه القائمة أن يحبذ ما هي الفكرة المسيطرة بالنسبة له من حيث أهميتها (غير مهم، مهم لدرجة بسيطة، مهم، مهم جداً) ويختار الشخص واحدة من هذه الاختيارات الأربعة وتقيس فقرات المقياس "21" ما يلي (القدرة على امتلاك المعلومات، الإنجاز في العمل المتطور،الإبداع، المساعدة، السلطة، الحكم الذاتي، الإبداع، المكافأة الاقتصادية، نمط الحياة، التطور الشخصي، مهارات العمل الفيزيائية، المستوى العالي "البرستيج"، المخاطرة، التعارف الاجتماعي، العلاقات الاجتماعية، التنوع، ظروف العمل، الهوية الثقافية، مهارات جسمية عالية، أمن اقتصادي).

- قائمة القيم المهنية تطورت لتكون كمقياس يزود بفكرة عن الصفات للأشياء والأشخاص الجوهرية.
- قائمة القيم المهنية تستطيع أن تستخدم في الصفوف الأساسية العادية والمدارس المتوسطة كما تستخدم عند الأعضاء البالغين الذين لديهم بعض المهارات أو مهارات جيدة، أو الكتابين أو البالغين أو الحرفين، أو المدراء المهنيين.
- طورت المعلومات الموجودة فيها لتقيس الأهمية في:

1- التماسك الداخلي للأشخاص في المدارس العليا، الجامعات، والبالغين بالنسبة لاقتراب النتائج في فقرات المقياس "21".

2- الثبات فيما يتعلق بدقة الإجابات حيث يمكن تطبيقها بعد أربع أسابيع لمعرفة الثبات عند الشخص نفسه.

- عند تطبيق قائمة القيم يجب أن يكون هناك باحث يقوم بقراءة الفقرات وتفسيرها، إذا وجد الشخص المطبق عليه صعوبة ما في بعض الفقرات، وأشارت الدراسات إلى أن اعتمادية معظم الفقرات بشكل عام جيدة فيما يتعلق بالأهداف الموضوعة لها.

- هذا المقياس تطور ليساعد في أعمال البحث، الاهتمام في الحاجات المهنية، و تقييم الوضع المهني.

- ويمكن استخدامه في مساعدة المرشدين في المدارس.

- والاقتراحات التي يقدمها هذا المقياس تعتبر ميزة في الإرشاد الفردي ويمكن تطبيقها على الأشخاص بشكل فردي لمعرفة قيمهم المهنية وبالتالي مساعدتهم في اختيار المهن المناسبة بالنسبة لهم. كما أن هذه القائمة مفيدة عند تطبيقها على المجموعات لتقييمها مهنياً، وتفيد في معرفة النضج المهني عند الشخص واهتماماته. وتبين أهمية الجنس في الاختيار المهني.

- كما طورت طبقت لتدرس العمل المهم للأفراد في عدة دول ومنها: أمريكا، أستراليا، كندا، أفريقيا، إسرائيل، إيطاليا، اليابان، بولندا، البرتغال، جنوب أفريقيا، يوغسلافيا، تشيكوسلوفاكيا، الهند.

- أهداف القائمة:

1- تبحث عن القيم المهنية الموجودة عند الشخص بشكل فردي وتساعده على أن يتعرف على أنماط قوانين الحياة المتبعة في الأعمال الأخرى.

2- تقدر وبشكل نسبي اهتمام الشخص بقوانين العمل وتهتم بإدراكه للقيم المتوافقة مع قوانين الحياة الأخرى.

مقياس القيم المهنية:

1- أحب أن أستخدم جميع مهاراتي ومعلوماتي.

2- أهتم بالنتائج التي أرى أنها جيدة بالنسبة لي.

3- أحب أن أتقدم في العمل.

4- أعمل على جعل الحياة أكثر جمالاً.

5- أعمل على مساعدة الناس في حل مشاكلهم.

6- أحب إخبار الآخرين ماذا يعملون.

7- أحب أن أمارس عملي بطريقتي.

8- أحب أن أكتشف أو أصمم أشياء جديدة.

9- أحب أن يكون لدي حياة كريمة.

10- أعمل على أن أعيش حسب أفكاري الخاصة.

11- أتطور في مهنتي كشخص.

12- أفضل التدريب في عملي.

13- أحب أن يُعجب الآخرين في معرفتي ومهاراتي.

14- أحب المهن التي فيها القيام بأعمال خطرة.

15- أحب المهن التي تتطلب العمل مع ناس آخرين.

16- أحب العمل مع أصدقائي.

17- أحب أن يختلف كل يوم عن الذي قبله.

18- أحب أن أكون غير مضغوط في العمل.

19- أحب أن أعمل في مكان مقبول بالنسبة لي.

20- أحب العمل الجسدي.

21- أحب العمل في مكان منظم وآمن (غير خطر).

22- أحب القيام بالعمل لكي أستفيد من قدراتي.

23- أحب المهن التي تُظهر جهودي.

24- أحب التقدم السريع في العمل.

25- أجد متعة في العمل الذي أقوم به.

26- أشترك في عمل الهدف منه مساعدة الناس.

27- أعمل على أن أكون قائد في العمل.

28- أقوم بقراراتي الخاصة بي في العمل.

29- أحب أن أخلق أشياء جديدة في عملي.

30- أحب أن يكون لدي دخل جيد.

31- أحب أن أعيش حياتي بطريقتي الخاصة.

32- عندي أفكار في الأشياء التي أعملها في حياتي.

33- أحب المشاركة في نشاطات العمل المفضلة لي.

34- أحب أن يقدروا قدراتي في العمل.

35- أشعر أن هناك مخاطرة في العمل الذي أقوم به.

36- أعمل في مجموعة أفضل من العمل لوحدي.

37- أقوم بأعمال مع الناس الذين أحبهم.

38- أقوم بأعمال مختلفة أثناء اليوم.

39- يكون لدي تسهيلات في العمل.

40- أن أعمل مع أناس بنفس العرق، الجنس.

41- أستخدم الآلات القوية.

42- أفضل الدخل المنتظم.

43- أفضل تطوير مهاراتي.

44- أصل إلى مستوى عالي في عملي.

45- أحصل على علاوات.

46- أهتم بالجمال في عملي.

47- أحب أن أجعل العالم أحسن مكان.

48- أكون أنا المسيطر الأكثر على العمل.

49- أكون حراً في تنفيذ عملي.

50- أعمل للحصول على أفكار جديدة في العمل.

51- أحب أن أحصل على الأجر مهما كان عملي.

52- أعمل ما أريد عندما أريد.

53- أطمح للرضا الوظيفي.

54- أفضل العمل الحركي.

55- أن يقدرني الآخرين بسبب عملي.

56- أقوم بعمل خطر إذا كنت مهتماً به.

57- أكون بين الناس.

58- أكون مع الناس الذين أحب العمل معهم.

59- أغير مهارات العمل بالتناوب.

60- أفضل العمل الذي لا يؤثر الطقس علي فيه.

61- أتقبل بغض النظر عن الجنس أو العرق.

62- أن أستخدم قوتي.

63- أفضل أن يكون موقعي آمن.

64- أعمل على أن أتعلم أشياء جديدة في عملي.

65- أعمل الأشياء التي أجيدها لأنجز في عملي.

66- أتمكن من التفكير في مجالات العمل المتطورة.

67- أتمكن من إضافة الجمال للعالم.

68- أطور السلام والرفاهية للعالم.

69- أحب أن أتخذ القرارات للآخرين.

70- أحب أن أكون أنا الرئيس الأول في العمل.

71- أستخدم أفكار وأساليب جديدة في العمل.

72- أفضل أن أكسب لكي أعيش جيداً.

73- أن أقرر ماذا سأعمل في حياتي.

74- أن أعيش حياتي الخاصة في العمل.

75- أبذل جهدي الجسدي أثناء العمل.

76- أنظر إلى نفسي كشخص متميز في العمل.

77- أتحدى الصعاب في عملي.

78- أن يكون هناك ناس أتحدث معهم في العمل.

79- أجد وظيفة يكون من السهل تكوين صداقاتي فيها.

80- أحب أن أتغير أثناء العمل.

81- أعمل في المكان بحرية دون مراقبة.

82- أعمل مع ناس بنفس مستواي.

83- أحرك أشياء ثقيلة.

84- أشعر أن هناك أمن اقتصادي.

85- أن أمتلك معلومات تجعلني أمارس عملي.

86- أشعر أنني حققت شيئاً في العمل.

87- أعمل في مكان فيه تقدم، ترقية.

88- أن يعجب بعملي من قبل رئيسي.

89- أن أعمل أشياء مهمة للناس الآخرين.

90- أحب أن يكون لدي سلطة على الآخرين عند عمل الأشياء.

91- أحب العمل في ساعات محددة.

92- أن أبتكر وأخترع أثناء عملي.

93- أن أحصل على الأشياء التي أريدها.

94- أن أخطط لمهارات العمل.

95- أطور مهارات الحياة في العمل.

96- أتعامل مع الناس خارج البيت بشكل آخر.

97- أن يتعرف الناس على عملي ويقدروه.

98- أن أخاطر إذا وجدت المنفعة.

99- أتعامل مع ناس مختلفين.

100- أعمل مع ناس يوجد أصدقاء لي منهم.

101- أقوم بعملي بطرق شتى مختلفة.

102- أشعر بالراحة في مكان العمل.

103- أن أكون صادقا مع قيم الناس.

104- أحمل حمولات ثقيلة.

105- أشعر أنني أستطيع كسب عيشي.

المجموع	الفقرات					البعد	الرقم
	85	64	43	22	1	القدرة على امتلاك المعلومات	1-
	86	65	44	23	2	الإنجاز في العمل	2-
	87	66	45	24	3	التطور	3-
	88	67	46	25	4	محب للجمال في العمل	4-
	89	68	47	26	5	المساعدة	5-
	90	69	48	27	6	القيادة والسلطة في العمل من قبل الشخص	6-
	91	70	49	28	7	الحكم الذاتي	7-
	92	71	50	29	8	الإبداع	8-
	93	72	51	30	9	المكافأة الاقتصادية	9-
	94	73	52	31	10	نمط الحياة	10-
	95	74	53	32	11	التطور الشخصي	11-
	96	75	54	33	12	مهارات العمل الفيزيائية	12-
	97	76	55	34	13	المستوى العالي من الإعجاب والتقدير (البرستيج).	13-
	98	77	56	35	14	المخاطرة	14-
	99	78	57	36	15	التعارف الاجتماعي	15-
	100	79	58	37	16	العلاقات الاجتماعية	16-

	101	80	59	38	17	التنوع في العمل	17-
	102	81	60	39	18	ظروف العمل	18-
	103	82	61	40	19	الهوية الثقافية	19-
	104	83	62	41	20	مهارات عالية جسمية	20-
	105	84	63	42	21	الأمن الاقتصادي	21-

طريقة التصحيح والتفسير:

احسب القيم الـ (21) وتعرف على القيم التي تحملها ولها علاقة بالمهنة، واختر الإجابة بنعم أو لا، لتعرف أكثر القيم لديك والتي يمكن أن تستخدمها في اختيارك المهني.

ثامنا: قائمة التفضيلات المهنية

هذا القائمة مختصرة ومفيدة في معرفة التفضيلات المهنية التي يحملها الطلبة، وبالتالي معرفة ما يفضلونه في البيئات المهنية والحياة المهنية بشكل عام، مما يساعدهم في الاختيار المهني السليم.

الرقم	النشاط	أحبه	بين بين	لا أحبه
1-	الدوام في أوقات مختلفة			
2-	البقاء بلباس معين			
3-	دوام الانتباه والحرص			
4-	البقاء في المكاتب			
5-	السرية التامة			
6-	كتابة التقارير والمراسلات			
7-	الدقة في المواعيد			
8-	التضحية من أجل الآخرين			
9-	الاهتمام بالمظهر العام واللياقة الشخصية			
10-	التفكير والتأمل			
11-	مهارة يدوية			
12-	مهارة عددية أو حسابية			
13-	التعامل بالنقود			

-14	التنظيم والترتيب				
-15	التعامل مع الأشياء				
-16	التعامل مع الناس				
-17	يؤدي إلى أرباح				
-18	يسر أو ضيق محدودية الدخل				
-19	البحث والدراسة				
-20	التخطيط للمستقبل البعيد				
-21	لا يحتاج لمهارة معينة				
-22	السرعة والدقة معا				
-23	المخاطرة				

(أبو غزالة، 1991)

طريقة التصحيح والتفسير:

من خلال المقياس التالي يمكن للفرد التعرف على الأمور التي يفضلها في المهنة والتي تنعكس على اختياره المهني للمهنة التي تناسب تلك التفضيلات.

مقاييس الشخصية

أولاً: استبيان نمط السلوك (أ) **Types (A) Behavior pattern**

هذا المقياس يفيد في معرفة نمط السلوك الذي يحمله الفرد حيث يميل هؤلاء الأفراد إلى أن يكونوا باحثين عن الكمال والمنافسة وعدوانيين، ويفيد هذا في إرشادهم وتوجيه أفراد أسرتهم والمعلمين إلى عدم تشجيع هذا النمط بشكل كبير.

يعرف نمط السلوك (أ) بأنه مجموعة من الخصائص السلوكية التي يشعر معها الفرد بالحاجة إلى الانجاز والانشغال المفرط بالعمل وبالتنافس الشديد وضيق الوقت مما يؤدي إلى توتره مما يفقده القدرة على الصبر والاسترخاء ويجعله مؤهلا للإصابة بأمراض القلب.

بالإضافة إلى ذلك تجمع الدراسات المختلفة على أن أبرز ما يميز صاحب هذا النمط من السلوك هو الجهد الزائد الذي يبذله لتحقيق أهدافه غير الواقعية وطموحاه غير المحدودة والتوتر الذهني والعضلي والسرعة في العمل إيمانا منه بأهمية الوقت مما قد يضطره لإنجاز أكثر من مهمة في نفس الوقت.

(Wright, 1988; Jennings & Choi, 1981; Feldman, 1989)

الرقم	الفقرة	دائماً	أحياناً	أبداً
-1	أشعر بأن الوقت غير كافي لإنجاز ما لدي من أعمال	2	1	0
-2	أتمنى لو كان هناك أكثر من 24 ساعة باليوم لأتمكن من أنجاز أعمالي	2	1	0
-3	يتراكم لدي العمل بسبب ضيق الوقت	2	1	0
-4	أنزعج إذا شعرت أن الوقت يضيع سدى	2	1	0
-5	أؤمن بأن السرعة هي عامل أساسي للنجاح في أي عمل	2	1	0
-6	أشعر وكأنني في سباق مع الزمن	2	1	0
-7	أحب السرعة عند ركوب أو قيادة السيارة	2	1	0
-8	أحاول إنجاز أكثر من عمل بنفس الوقت	2	1	0
-9	أعمل على جدولة الكثير من أعمالي في وقت محدود	2	1	0
-10	يضايقني ازدحام السير	2	1	0
-11	أقوم بإنجاز عملين معا للاستفادة من الوقت	2	1	0
-12	أجد نفسي- أفكر في مواضيع خارجة عن إطار الحديث مع الآخرين	2	1	0
-13	أنهمك بالتفكير بأكثر من شيء بنفس الوقت	2	1	0
-14	أشعر بتزاحم فكرتين أو أكثر خلال حديثي مع الآخرين	2	1	0
-15	يحول انشغالي بالعمل دون الحصول على وقت كاف من الراحة والاستجمام	2	1	0

-16	أستغل أيام العطل لانجاز ما تراكم لدي من أعمال	2	1	0
-17	ينتـابني شـعور بالـذنب عنـد قضـاء بعـض الوقـت في الراحـة والاستجمام بعيدا عن العمل	2	1	0
-18	التفكير في أعمالي يحول دون الإصغاء التام للآخرين	2	1	0
-19	أحاول أن أتوقع خلاصة ما يريد الآخرون قوله باختصار للوقت	2	1	0
-20	ابحث عن أكثر الطرق فعالية لإنجاز أعمالي والتفوق فيها	2	1	0
-21	أنزعج إذا خسرت في إحدى الألعاب	2	1	0
-22	أهتم بالفوز بالألعاب أكثر من اهتمامي بالاستمتاع بها	2	1	0
-23	لدي رغبة ملحة بأن أكون الأفضل	2	1	0
-24	أشعر بأن أهدافي وطموحاتي صعبة التحقيق	2	1	0
-25	يصف العديد من الناس أهدافي وطموحاتي بأنها غير واقعية	2	1	0
-26	أنزعج وأحبط كلما فكرت بأهداف وطموحات لم أحققها بعد	2	1	0
-27	أجد صعوبة في الثقة بالآخرين	2	1	0
-28	يراودني الشك بنوايا الآخرين	2	1	0

تصحيح المقياس:

تكون المقياس من 28 فقرة تقيس السمات والسلوكيات الأساسية لنمط السلوك (أ) وقد تم اعتماد ثلاثة بدائل للإجابة على فقرات المقياس وهي: دائماً، أحياناً، أبدا، وعند تصحيح فقرات المقياس تعطي الاستجابة (دائماً) درجتان، والاستجابة (أحياناً) درجة واحدة والاستجابة (أبدا) درجة صفر، وبذلك تتراوح الدرجة الكلية على المقياس بين صفر - 56 درجة.

تصنيف الاستجابات على مقياس نمط السلوك (أ) وهي على شكل أربعة فئات على النحو التالي:

- فئة نمط السلوك (أ) المرتفع وتتضمن الاستجابات المرتفعة والتي تقع ضمن أعلى 25% من الدرجات أي التي تتراوح على هذا المقياس بين 43-56 درجة.

- فئة نمط السلوك (أ) المتوسط: وتتضمن الاستجابات الأقل حدة والتي تقع ضمن الرباعي الثاني أي التي تتراوح على هذا المقياس بين 28-42 درجة.

- فئة نمط السلوك (أ) المنخفض: وتتضمن الاستجابات المنخفضة والتي تقع ضم الرباعي الثالث أي التي تتراوح على هذا المقياس بين 14-27 درجة.

- فئة نمط السلوك (ب) وتتضمن الاستجابات المنخفضة جدا والتي تقع ضمن أدنى 25% من الدرجات أي التي تتراوح على هذا المقياس بين صفر – 13 درجة. (الفرح والعتوم، 1999)

ثانيا: التعرف بسرعة على نمط الشخصية

لتحديد نمط شخصية الطالب اطلب منه وضع دائرة حول الرقم الذي يمثل سلوكه على المقياس الاستمراري التالي:

1- لا أعطي أهمية كبيرة للمواعيد   لا أتأخر عن المواعيد مطلقاً.

1 2 3 4 5 6 7 8

2- لا أحب المنافسة   أنا منافس عنيد.

1 2 3 4 5 6 7 8

3- لا أندفع أو استعجل في أي ظرف   دائماً مندفع أو في عجلة من أمري.

1 2 3 4 5 6 7 8

4- أتعامل مع الأمور كل على حدة   أتعامل مع عدة أمور في وقت واحد.

1 2 3 4 5 6 7 8

5- أنجز الأمور يبطئ   أنجز الأمور بسرعة (الأكل، المشي).

1 2 3 4 5 6 7 8

6- أعبر عن مشاعري أكتم مشاعري.

1	2	3	4	5	6	7	8

7- اهتماماتي كثيرة اهتماماتي قليلة.

1	2	3	4	5	6	7	8

لتفسير النتائج:

اجمع الدرجات واضربهم في (3) يفسر حاصل الضرب كالتالي:

أقل من 90 نمط (ب) في الشخصية.

90-99 نمط (ب+) في الشخصية

100-105 نمط (أ-) في الشخصية

106- 119 نمط (أ) في الشخصية

120 فأكثر نمط (أ +) في الشخصية.(عسكر،2000)

مقتبس من:

Luthans, F.(1992). Organizational Behavior (6th Ed.) New York: Mac-Graw-Hill.Inc.

ثالثا: مركز الضبط: locus of Control

يمكن من خلال هذا المقياس التعرف على نوعية مركز الضبط الذي يحمله الطلبة هل هو مركز ضبط خارجي لا يتحملوا من خلاله المسؤولية عن سلوكياتهم، أو مركز ضبط داخلي يتحملوا مسؤولية ما يقوموا به من سلوكيات.

يرى روتر (Rotter, 1966) أن مصطلح مركز الضبط يشير إلى الأسباب المدركة للنتائج السلوكية، فعندما يحصل الفرد على تدعيم نتيجة سلوك معين ويعتقد أن الحظ أو المصادفة أو تأثير الأشخاص ذوي الأهمية أو الظروف التي لا تدخل تحت سيطرته هي المسؤولة عن هذا السلوك فإنه يقع في نمط الضبط الخارجي، وفي الطرف الآخر عندما يحصل الفرد على التعزيز ويعتقد أنه حصل عليه نتيجة مهاراته أو صفاته الشخصية فإنه يقع في نمط الضبط الداخلي ويتحرك الأفراد على خط متصل أحد طرفيه النمط الداخلي والطرف الآخر النمط الخارجي لمركز الضبط. (بذري والشناوي، 1986: ص 474-479)

مقياس الضبط الداخلي - الخارجي:

يشتمل المقياس الذي طوره موسى جبريل، على 24 زوجا من الفقرات، يعبر (18) زوجا منها على اتجاهات داخلية خارجية كما وضعت 6 فقرات للتمويه على المفحوص، وتعتمد طريقة الإجابة في المقياس على اختيار المستجيب إحدى الفقرتين من كل زوج من الفقرات، وتمثل الدرجة على الاختبار مجموع الإجابات التي يختارها المستجيب والتي تعبر عن اتجاه خارجي، وتمتد الدرجات على المقياس من صفر وتعبر عندما وجود اتجاه خارجي مطلقا إلى 18 وهي تمثل أعلى درجة للتوجه الخارجي.

عزيزي الطالب:

هذه أداة لقياس الاعتقادات الشخصية لدى الأفراد ولا توجد فيها إجابة صحيحة وأخرى خاطئة، يتكون كل بند من بنود المقياس من عبارتين أشير إليهما بالرمزين أ، ب، والمرجو منك أن تختار إحدى العبارتين والتي تعتقد أنها تعبر عن قناعتك أو موقفك بدرجة أكبر، الرجاء أيضا أن تختار العبارة التي تعتقد أنها أكثر صدقا وليس العبارة التي تفضل أن تكون هي الأصح، تأكد من أنك تجيب على كل بند بوضع دائرة حول أحد البديلين أ، أو ب، والموجودين أمام العبارتين اللتين يتضمنهما كل بند من بنود هذه الأداة.

فقد تجد في بعض البنود أنك توافق على ما جاء في العبارتين أو أنك لا توافق عليهما، وفي هذه الحالة عليك أن ترجح أحد البديلين باعتباره الأنسب.

	1	أ	الناجحون غالباً أمناء وصادقون
		ب	النجاح في الحياة لا يعتمد دائماً على الأمانة
خ	2	أ	غالباً ما تتأثر علامات الطالب بعوامل الصدفة
		ب	إن فكرة تأثر علامات الطالب بميول المعلم خاطئة جدا
خ	3	أ	عموما لا أسلك وفقا لما يريده الآخرون
		ب	كثيرا ما يتأثر سلوكي بما يريده الآخرون
	4	أ	السعادة تتوفر عند امتلاك الفرد لما يحتاج
		ب	السعادة تتوفر عند الحصول على محبة واحترام أكثرية الناس
خ	5	أ	لا أستطيع أن أفهم كيف ولماذا يتخذ المدير والمعلمون قراراتهم

		ب	غالباً ما أفهم الدوافع وراء قرارات المدير والمعلمين
خ	6	أ	أتحكم بانفعالاتي باستمرار
		ب	توجد أوقات لا أستطيع فيها التحكم بانفعالاتي
خ	7	أ	غالباً ما يعتمد نجاح الفرد على العمل الجاد
		ب	النجاح في الحياة يعتمد إلى حد كبير على عوامل الحظ
خ	8	أ	يستطيع الناس عبر بذل الجهد القضاء على الفساد
		ب	القضاء على الفساد الاجتماعي أمر مستحيل مهما حاول الناس
	9	أ	أكثر الناس خيرون
		ب	عادم يقدم الناس المساعدة أملا في الحصول على التقدير
خ	10	أ	غالبية الناس لا يدركون مدى تحكم عوامل الصدفة في حياتهم
		ب	لا تلعب الصدفة دورا مهما في حياة الناس
خ	11	أ	من السهل علي أن أسلك مستقلاً عن تأثير أية جماعة تحاول التحكم بي
		ب	أخضع أحياناً لضغوط اجتماعية لا استطيع التحكم بها أو فهمها
خ	12	أ	أن نجاحي في المستقبل يتوقف على قدراتي وعملي
		ب	أدرك دائماً أنني مهما بذلت من جهد فإن النتائج محكومة بالقضاء والقدر
	13	أ	يساعد النشاط الرياضي في المجتمع على إقامة علاقات جيدة بين الناس

		ب	يمكن أن يؤدي النشاط الرياضي إلى تنافس حاد يضر بالعلاقات بين أفراد المجتمع
خ	14	أ	اندفع أحياناً إلى القيام بأشياء دون تروى
		ب	لا أقوم بعمل إلا بعد التفكير في نتائجه
خ	15	أ	غالباً أستطيع أن أنفذ ما أقرر القيام به
		ب	يوجد دائماً في المجتمع ما يحد من حرية الفرد في اتخاذ القرار
خ	16	أ	نتيجة للحظ وسوء الطالع لا ينال معظم الناس ما يتمنونه
		ب	يستطيع الناس الوصول إلى تحقيق الكثير من أهدافهم
	17	أ	أرغب العيش في مدينة كبيرة
		ب	أفضل العي في بيئة ريفية
خ	18	أ	أستطيع التفوق إذا بذلك الجهد المناسب
		ب	نجاح الفرد يعتمد على عوامل متعددة في المجتمع
خ	19	أ	أقوم أحياناً بأعمال لا تتفق مع قناعاتي
		ب	أشعر دائماً أنني أتحكم بنفسي وبما أقوم به
خ	20	أ	ما يحدث للناس يرجع إلى القدر
		ب	يستطيع الإنسان أن يقرر مصيره بنفسه إلى حد كبير
	21	أ	خسارة النقود أكثر إيلاما من خسارة صديق
		ب	الناس هم أهم شيء في عالمنا

خ	22	أ	لا أعتقد أنه بإمكاني التأثير في ما يجري في بيئتي الاجتماعية
		ب	يمكن أن يكون لي تأثير في البيئة الاجتماعية عبر المشاركة في النشاط الاجتماعي
خ	23	أ	غالباً لا يستطيع الناس تأجيل إشباع رغباتهم
		ب	يستطيع الناس إذا أرادوا تأجيل إشباع رغباتهم والتحكم بها
خ	24	أ	إن وصولي إلى تحقيق أهدافي لا يعتمد على الصدفة أو الحظ
		ب	لا فائدة من التخطيط للمستقبل البعيد لأن أكثر الأمور تعود إلى الحظ.

طريقة التصحيح والتفسير:

الحرف خ يشير إلى أن العبارة تدل على توجه خارجي للضبط، إذا أجاب المفحوص في الفقرات التالية على أ فإن لديه مركز ضبط خارجي وهي: (2، 5، 10، 14، 16، 19، 20، 22، 23) وبقية الفقرات التي أمامها حرف خ الإجابة على رمز ب يدل على وجود مركز ضبط خارجي.

وبقية الفقرات التي ليس عليها حرف (خ) لا تدخل ضمن التصحيح، وبالتالي تبقى عدد فقرات المقياس (18) ويظهر من خلال إجابات الفرد كم فقرة أجاب عليها المفحوص بمركز ضبط خارجي، وكم فقرة أجاب عليها بمركز ضبط داخلي (جبريل، 1996)

رابعا: قائمة أيزنك للشخصية The Eysenk Personality Inventory

الصورة (أ)

هذه القائمة من أجل التعرف على ثلاثة مجالات رئيسية في الشخصية وهي مدى الانبساط - الانطواء والاتزان - الاندفاع والكذب.

الصف: .... المدرسة: ....

تعليمات: ....

عزيزي الطالب/ الطالبة:

إليك بعض الأسئلة عن الطريقة التي تسلك بها وتشعر بها وتعمل، حاول أن تقرر وتحدد الإجابة التي تتفق مع طريقتك المعتادة، في التصرف والشعور. هل هي (نعم) أم (لا) ثم ضع (✖) في المستطيل تحت عمود (نعم) أو تحت عمود (لا).

أجب بسرعة، ولا تفكر كثيراً في أي سؤال فنحن نريد استجابتك الأولى ولا نريد الإجابة بعد عملية تفكير طويلة، ولا يجب أن تستغرق الإجابة كلها أكثر من بضع دقائق، ولا تترك أي سؤال بدون إجابة.

الرقم	فقرات الاختيار	الإجابة	
		نعم	لا
1-	هل تتوق إلى الأشياء المثيرة في معظم الأحيان؟	2	1
2-	هل تحتاج إلى أصدقاء يفهمونك لكي تشعر بالارتياح والابتهاج؟	2	1
3-	هل أنت سعيد وتعالج الأمور ببساطة ودون تدقيق وتمحيص؟	2	1
4-	هل تنزعج إلى حد كبير لو رفض طلب لك؟	1	2

الرقم	فقرات الاختيار	الإجابة	
		نعم	لا
5-	هل تتمثل وتفكر ملياً قبل الإقدام على عمل أي شيء؟	2	1
6-	هل تفي دائماً بوعد قطعته على نفسك بغض النظر عما قد يكلف من تعب أو عناء؟	1	2
7-	هل يثور مزاجك ويهدأ في أحيان كثيرة؟	1	2
8-	هل من عادتك أن تقوم بعمل وقول أشياء على نحو متسرع ودون تأمل أو تفكير؟	1	2
9-	هل حدث أن شعرت بالتعاسة دون سبب كاف لذلك؟	1	2
10-	هل تعمل أي شيء تقريباً من أجل الجرأة؟	2	1
11-	هل تشعر بالخجل فجأة عندما تريد التحدث إلى شخص غريب جذاب؟	1	2
12-	هل يحدث أن تفقد السيطرة على نفسك وتغدو غاضباً أحياناً؟	1	2
13-	هل تقوم بالأشياء على نحو ارتجالي في معظم الأحيان؟	2	1
14-	هل تشعر غالباً بالقلق حيال أشياء كان ينبغي لك ألا تفعلها أو تقولها؟	1	2
15-	هل تفضل المطالعة على التحدث مع الآخرين بصفة عامة؟	1	2
16-	هل يسهل جرح مشاعرك نوعاً ما؟	1	2
17-	هل ترغب في الخروج كثيراً من المنزل؟	2	1
18-	هل تراودك أحياناً أفكار وخواطر لا ترغب أن يعرفها الآخرين؟	1	2

-19	هل تشعر بنشاط شديد أحياناً وبالبلادة أحياناً أخرى؟	1	2
-20	هل تفضل أن يكون لديك عدد قليل من الأصدقاء شريطة أن يكونوا من المقربين؟	1	2
-21	هل تستغرق في أحلام اليقظة؟	1	2
-22	هل تجيب الناس بالصراخ عندما يصرخون في وجهك؟	1	2
-23	هل يضايقك الشعور بالذنب في كثير من الأحيان؟	1	2
-24	هل عاداتك جميعها حسنة ومرغوب فيها؟	1	2
-25	هل يمكنك أن تترك نفسك على سجيتها وتتمتع كثيراً في حفل مرح؟	2	1
-26	هل تعتبر نفسك متوتر الأعصاب؟	1	2
-27	هل يعتقد الآخرون أنك حيوي ونشيط؟	2	1
-28	هل قمت بعمل شيء هام، ثم شعرت غالباً أن باستطاعتك القيام به على نحو أفضل؟	2	1
-29	هل يغلب عليك طابع الهدوء عندما تكون مع الآخرين؟	2	1
-30	هل تنهمك في القيل والقال أو نشر الإشاعات أحياناً؟	1	2
-31	هل تلازمك الأفكار لدرجة لا تستطيع معها النوم؟	1	2
-32	إذا كنت تريد معرفة شيء ما، فهل تفضل معرفته من خلال اللجوء إلى شخص آخر تحدثه عنه؟	2	1

-33	هل يحدث لك خفقان قلب أو تسرع في دقاته؟	1	2
-34	هل تحب نوع العمل الذي يتطلب منك انتباهاً شديداً أو دقيقاً؟	2	1
-35	هل تنتابك نوبات من الارتجاف والارتعاش أحياناً؟	1	2
-36	هل تصرح للجمارك عن كل شيء لديك حتى لو علمت أنه يستحيل اكتشافه؟	1	2
-37	هل تكره أن تكون في مجموعة ينكت فيها الواحد فيها على الآخر؟	1	2
-38	هل أنت شخص سريع الاستثارة أو الانفعال؟	1	2
-39	هل ترغب القيام بأشياء ينبغي لك أن تتصرف حيالها بسرعة؟	2	1
-40	هل تقلق بصدد أشياء مخيفة قد تحدث لك؟	1	2
-41	هل يمتاز أسلوب حركتك بالبطء وعدم السرعة؟	1	2
-42	هل حدث أن تأخرت عن تنفيذ موعد أو عمل ما؟	1	2
-43	هل تنتابك كوابيس أو أحلام مزعجة كثيرة؟	1	2
-44	هل ترغب في التحدث مع الناس إلى حدٍ كبير بحيث لم تضيع فرصة الحديث إلى شخص غريب؟	2	1
-45	هل تزعجك الآلام والأوجاع؟	1	2
-46	هل تشعر بتعاسة شديدة إن لم تر كثير من الناس في معظم الأحيان؟	2	1
-47	هل تعتبر نفسك شخصاً عصبياً؟	1	2

-48	هل هناك أشخاص ممن تعرفهم لا تحبهم على نحو قاطع؟	1	2
-49	هل تستطيع القول بأنك واثق من نفسك تماماً؟	2	1
-50	هل يؤلمك الآخرون بسهولة لدى اكتشافهم الخطأ فيك أو في عملك؟	1	2
-51	هل يصعب عليك أن تتمتع فعلاً في حفل مرح؟	1	2
-52	هل تنزعج من الشعور بالنقص؟	1	2
-53	هل يسهل عليك إضفاء جوٍ من الحيوية على حفل ممل إلى حدٍ ما؟	2	1
-54	هل تتحدث أحياناً عن أمور لا تعرف عنها شيئاً؟	1	2
-55	هل أنت قلق على صحتك؟	1	2
-56	هل تحب إيقاع الآخرين في " مقالب " بقصد المرح؟	1	2
-57	هل تعاني من الأرق؟	1	2

الأبعاد التي يقيسها الاختبار:

1- الانبساط والانطواء: وتقيسه الفقرات: 1، 3، 5، 9، 11، 15، 17، 20، 22، 25، 27، 29، 32، 34، 37، 39، 41، 44، 46، 49ن 51، 53، 56.

2- الاتزان والانفعال: وتقيسه الفقرات: 2، 4، 7، 8، 13، 14، 16، 19، 21، 23، 26، 28، 31، 33، 35، 38، 40، 43، 45، 47، 50، 52، 55، 57.

3- الكذب: 6، 12، 18، 24، 30، 36، 42، 48، 54. (شهاب، 1992)

طريقة التصحيح والتفسير:

عدد فقرات المقياس (57) وتتراوح الدرجة بين (57- 114) وينظر إلى الأبعاد الثلاثة، وقد وضعت بعد الكذب للتأكد من صدق المفحوص وكذبه، والعلامة المرتفعة في البعد الأول يدل على الانبساط والمنخفضة على الانطواء، والبعد الثاني العلامة المرتفعة تدل على الاتزان والمنخفضة على الانفعال، والعلامة المرتفعة في البعد الثالث تدل على الكذب.

خامسا: مقياس كاتل للشخصية

هذا المقياس طويل نسبيا ولكنه يمكن أن يستخدم بشكل كامل أو بأبعاده فقط من أجل المساعدة في التعرف على الشخصية بشكل كامل، ويحتوي على 16 بعدا تقيس معظم مجالات الشخصية.

أخي/ أختي الطالب..

تحية طيبة وبعد:

تحتوي هذه الاستبانة على 187 فقرة تتصل بنوحي اهتماماتك وميولك، وما تحبه وما تكرهه، أمام كل فقرة ثلاث إجابات محتملة، فإذا وقع اختيارك على الإجابة (أ) فضع إشارة (✖) أمام رقم الفقرة وتحت العمود (أ) على ورقة الإجابة، وإذا اخترت الإجابة (ب) فضع إشارة (✖) أمام رقم الفقرة وتحت العمود (ب) على ورقة الإجابة، وإذا اخترت الإجابة (ج) فضع إشارة (✖) أمام رقم الفقرة وتحت العمود (ج) على ورقة الإجابة.

ليس هناك إجابات صحيحة وأخرى خاطئة، فلكل فرد وجهة نظره الخاصة في حياته - أرجو منك عند الإجابة مراعاة ما يلي:

1- لا تصرف وقتاً طويلاً في التأمل والتفكير، وأجب بأول إجابة تخطر ببالك.

2- حاول أن لا تختار الإجابة (غير متأكد) أو الإجابة (بين بين) إلا إذا استحال عليك تماماً وربما لا يزيد مرة كل أربع أو خمس فقرات تقريباً.

3- تأكد بأنك لم تقفز عن أية فقرة، وأجب عن كل فقرة قدر الإمكان، فبعض الفقرات قد لا تكون موافقاً عليها بشكل جيد، ولكن أرجو أن تضع أفضل جواب محتمل لها، وبعض الفقرات تظهر بأنها شخصية، فتأكد بأن ورقة الإجابة في أيدي أمينة وموثوق بها ولأغراض الإرشاد فقط، ولن يطلع عليها أحد غير المرشد.

4-   أجب بصراحة وصدق بقدر الإمكان، ولا تختر الإجابة لمجرد اعتقادك بأنها ستعطي الانطباع الأفضل عنك.

5-   يرجى مراعاة أن هنالك جواباً واحداً فقط لكل فقرة، ومن ثم يرجى أن لا تضع إلا إشارة (✖) واحدة أمام رقم كل فقرة على ورقة الإجابة.

6-   لا تكتب أي شيء على الصفحات التي تحوي على الفقرات.

7-   اكتب اسمك على ورقة الإجابة.

1-   لدي تفهم واضح لتعليمات هذا الفحص:

   (أ) نعم   (ب) غير متأكد   (ج) لا

2-   إني على استعداد للإجابة عن كل سؤال بصدق قدر الإمكان:

   (أ) نعم   (ب) بين بين   (ج) لا

3-   أثناء العطلة أفضل الذهاب إلى:

   (أ) بلد مزدحم بالناس

   (ب) وسط بين الإجابة أ و ج

   (ج) كوخ هادئ في مكان منعزل

4-   أشعر بالضيق عندما أكون في مكان صغير محصور مثل مصعد مزدحم بالناس:

   (أ) أبداً   (ب) نادراً   (ج) أحياناً

5-   أجد نفسي كثير التفكير في قضايا تافهة وأبذل جهداً للتخلص منها:

   (أ) نعم   (ب) أحياناً   (ج) لا

6- إذا عرفت شخصاً ما يفسر الأشياء بطريقة خاطئة أميل إلى أن أكون:

(أ) هادئاً   (ب) بين بين   (ج) معبراً عن رأيي

7- تبدو أفكاري:

(أ) سابقة لأوانها   (ب) غير متأكد منها   (ج) تظهر في أوانها

8- أنا غير موهوب في إطلاق النكات وسرد القصص المسلية:

(أ) صحيح   (ب) بين بين   (ج) خطأ

9- أفضل أن أعيش عمراً طويلاً هادئاً على أن أتعب نفسي في خدمة مجتمعي المحلي:

(أ) صحيح   (ب) أحياناً   (ج) خطأ

10- كنت مشاركاً نشيطاً في تنظيم نادي أو فريق أو مجموعة اجتماعية تشبه النادي:

(أ) نعم   (ب) أحياناً   (ج) أبداً

11- لا أستطيع إلا أن أتصرف تصرفاً عاطفياً:

(أ) نادراً جداً   (ب) أحياناً   (ج) غالباً

12- أفضل قراءة كتاب عن:

(أ) تعاليم دينية عظيمة   (ب) غير متأكد   (ج) المؤسسات السياسية الوطنية

13- المواضيع التي تثير حساسيتي أو تزعجني بسهولة قليلة جداً:

(أ) صحيح   (ب) غير متأكد   (ج) خطأ

14- القدرات والخصائص التي يرثها الأفراد عن الوالدين لها أهمية أكبر من التي يقر بها الناس:

(أ) صحيح   (ب) بين بين   (ج) خطأ

15- أشعر بأن الأعمال الروتينية يجب أن تتم حتى ولو بدا لي أنها غير ضرورية:

(أ) صحيح   (ب) غير متأكد   (ج) خطأ

16- النكات حول الموت مناسبة ومستساغة:

(أ) نعم   (ب) غير متأكد   (ج) لا

17- أفضل إرشادي بالطريقة الأحسن في عمل الأشياء بدل أن أجد الطريقة بنفسي:

(أ) نعم   (ب) غير متأكد   (ج) لا

18- عندما أكون في وسط أي مجموعة من الناس يغلب علي الشعور بالعزلة وعدم القيمة:

(أ) نعم   (ب) بين بين   (ج) لا

19- لا تتغير ذاكرتي كثيراً من يوم ليوم:

(أ) صحيح   (ب) أحياناً   (ج) خطأ

20- إذا قدم لي طعام رديء في مطعم أعتقد أن من واجبي أن أبدي تذمري للخادم أو لمدير المطعم:

(أ) نعم   (ب) أحياناً   (ج) لا

21- من أجل الراحة والاسترخاء أفضل:

(أ) الرياضة والألعاب

(ب) غير متأكد

(ج) المناقشات والأحاجي والألغاز

22- بالمقارنة مع الآخرين، شاركت في:

(أ) كثير من النشاطات الاجتماعية والمحلية

(ب) بعض النشاطات

(ج) فقط قليلاً من النشاطات الاجتماعية والمحلية

23- عندما أخطط غالباً ما أترك الأمور للحظ:

(أ) صحيح   (ب) غير متأكد   (ج) خطأ

24- عند ذهابي إلى مكان ما لتناول الطعام أو للعمل... الخ فإني:

(أ) أبدو وكأني أندفع من شيء لآخر

(ب) بين بين

(ج) أفكر بالأمر جيداً

25- أشعر بالقلق وكأني أريد شيئاً غير أني لا أعرفه:

(أ) نادراً جداً   (ب) أحياناً   (ج) غالباً

26- لو كنت في مصنع يبدي لي أنه من الممتع أن أكون مسؤولاً عن:

(أ) النواحي الميكانيكية   (ب) غير متأكد   (ج) مقابلة الناس وتوظيفهم

27- أفضل قراءة كتاب عن:

(أ) السفر عبر الفضاء الخارجي (ب) غير متأكد   (ج) التربية في الأسرة

28- أي من الكلمات التالية تختلف عن الكلمات الأخرى:

(أ) الكلب   (ب) الطير   (ج) البقرة

29- إذا أتيحت لي الفرصة أن أعيش مرة ثانية فإني:

(أ) سأخطط لحياة مختلفة   (ب) غير متأكد

(ج) سأعيش نفس الحياة التي أعيشها الآن

30- في اتخاذ القرارات في حياتي وعملي لم أزعج قط من سوء تفهم عائلتي لي:

(أ) صحيح (ب) بين بين (ج) خطأ

31- أفضل أن أتجنب قول أشياء سيئة تضايق الناس:

(أ) صحيح (ب) بين بين (ج) خطأ

32- إذا كان بيدي سلاحاً وعرفت بأنه معبأ يستمر شعوري بالضيق حتى أفرغه:

(أ) نعم (ب) بين بين (ج) لا

33- أستمتع كثيراً في إطلاق النكات التي لا تحمل الإساءة للآخرين:

(أ) صحيح (ب) بين بين (ج) خطأ

34- يمضي الناس قسطاً كبيراً من أوقات فراغهم في خدمة جيرانهم والمساعدة في إيجاد حلول للقضايا المحلية:

(أ) نعم (ب) غير متأكد (ج) لا

35- أشعر أحياناً بأنني لا أؤدي أعمالي جيداً وكما يجب اجتماعياً لأنني غير واثق من نفسي:

(أ) صحيح (ب) بين بين (ج) خطأ

36- أستمتع بالمشاركة بمحادثة ما ونادراً ما أضيع فرصة دون التكلم مع شخص غريب:

(أ) صحيح (ب) بين بين (ج) خطأ

37- إن العنوان الذي يثيرني أكثر من غيره في الصحيفة اليومية هي:

(أ) مناقشة رجال الدين لأمور العقيدة (ب) غير متأكد

(ج) تحسين الإنتاج والتسويق

38- أشك في أمانة الناس الذين يبدون وداً أكثر مما أتوقع منهم:

(أ) صحيح   (ب) بين بين   (ج) خطأ

39- نصيحتي للناس هي:

(أ) سر للإمام وحاول فلن يصيبك أذى

(ب) بين بين

(ج) فكر ملياً أولاً ولا تجعل من نفسك شخصاً أحمقاً

40- أكثر أهمية بالنسبة لي:

(أ) أن أعبر عن نفسي بحرية

(ب) بين بين

(ج) إقامة علاقات جيدة مع الآخرين

41- أستمتع بأحلام اليقظة (سارح الفكر أو شارد الذهن):

(أ) نعم   (ب) غير متأكد   (ج) لا

42- أفضل أن أعمل بوظيفة أستطيع من خلالها اتخاذ قرارات ذكية على وظيفة أتخذ من خلالها قرارات روتينية سريعة:

(أ) صحيح   (ب) غير متأكد   (ج) خطأ

43- لدى شعور بأن أصدقائي لا يحتاجونني بقدر ما أحتاجهم:

(أ) صحيح   (ب) غير متأكد   (ج) خطأ

44- أشعر بالضيق إذا ظن أحد بي السوء:

(أ) نادراً   (ب) أحياناً   (ج) غالباً

45- ارتكبت حوادثاً لأنني كنت شارد الذهن:

(أ) نادراً تماماً   (ب) بين بين   (ج) بضع مرات

46- في الصحيفة المفضلة لدي أحب أن أشاهد:

(أ) بحث القضايا الاجتماعية الأساسية في العالم الحديث

(ب) بين بين

(ج) تغطية جيدة لجميع الأخبار المحلية

47- أجد بأن الكتب أكثر تسلية من الأصدقاء:

(أ) نعم   (ب) بين بين   (ج) لا

48- مهما كانت العقبات صعبة ومعقدة فإنني دائماً ما أواظب على هدفي الأصلي:

(أ) نعم   (ب) بين بين   (ج) لا

49- تتوتر أعصابي نتيجة لبعض الأصوات فمثلاً صرير الباب غير محتمل ويؤدي بي إلى الارتعاش:

(أ) غالباً   (ب) أحياناً   (ج) أبداً

50- غالباً ما أشعر بالتعب تماماً عندما أستيقظ في الصباح:

(أ) نعم   (ب) بين بين   (ج) لا

51- لو كانت رواتب الوظائف التالية متساوية لفضلت أن أكون:

(أ) باحث كيماوي   (ب) غير متأكد   (ج) مديرة (مدير) أوتيل

52- إن العمل لجمع الأموال لخدمة قضية أؤمن بها أو التنقل لبيع الأشياء هو بالنسبة لي:

(أ) ممتع تماماً   (ب) بين بين   (ج) وظيفة مزعجة

145

53- أي من الأرقام التالية ليس له علاقة بالأخرى:

(أ) 7   (ب) 9   (ج) 13

54- الكلب بالنسبة للعظم كالبقرة بالنسبة لـ:

(أ) الحليب   (ب) العشب   (ج) الملح

55- إن تغييرات الطقس لا تؤثر عادة في فعاليتي ومزاجي:

(أ) صحيح   (ب) بين بين   (ج) خطأ

56- عندما أكون في مدينة غريبة فإنني سوف:

(أ) أتجول أينما أشاء   (ب) غير متأكد

(ج) أبتعد عن الأماكن التي يقال عنها أنها خطرة

57- إنه من الأهمية بمكان أن:

(أ) تكون لطيفة مع الناس

(ب) بين بين

(ج) تضع أفكارك موضع التنفيذ

58- أعتقد في:

(أ) الشعار الذي يقول "اضحك وكن منشرحاً في معظم المناسبات"

(ب) بين بين

(ج) أن تكون رزيناً جداً في عملك اليومي

59- حينما أعطى مجموعة من التعليمات فإنني أتبعها عندما أقتنع بها:

(أ) صحيح   (ب) غير متأكد   (ج) خطأ

60- في علاقاتي الاجتماعية يضايقني أحياناً شعوري بالنقص لعدم وجود سبب حقيقي لهذا الشعور:

(أ) صحيح   (ب) بين بين   (ج) خطأ

61- أشعر بالارتباك قليلاً مع الجماعة ولا أظهر تماماً على حقيقتي:

(أ) نعم   (ب) أحياناً   (ج) لا

62- أفضل:

(أ) العمل مع بعض الناس الذين هم أقل مني درجة   (ب) غير متأكد

(ج) العمل مع لجنة

63- أغلب الناس لا يهمهم الاعتراف بالخطأ حتى لو لم يلمهم الناس على أخطائهم:

(أ) صحيح   (ب) غير متأكد   (ج) خطأ

64- لا يوجد هناك أحد يحب رؤيتي منزعجاً:

(أ) صحيح   (ب) غير متأكد   (ج) خطأ

65- من الأهمية بمكان أن يكون الإنسان مهتماً بـ:

(أ) المعنى الحقيقي للحياة   (ب) غير متأكد

(ج) أن يؤمن دخلاً جيداً لعائلته

66- بقائي في الداخل طويلاً بعيداً عن الخارج يجعلني أشعر بالتفاهة:

(أ) دائماً   (ب) أحياناً   (ج) خطأ

67- لدي أفكار غير عادية عن كثير من الأشياء وهي كثيرة جداً ولا أستطيع أن أنفذها:

(أ) صحيح   (ب) أحياناً   (ج) خطأ

68- عادة ما تكون معنوياتي عالية، بغض النظر عما أواجهه من متاعب:

(أ) صحيح   (ب) بين بين   (ج) خطأ

69- من الصعب أن يغمض لي جفن بسبب انزعاجي لحادث مؤسف:

(أ) غالباً   (ب) أحياناً   (ج) نادراً

70- أفضل رؤية:

(أ) فلم هزلي ذكي أو مسرحية هزلية قصيرة عن المجتمع في المستقبل:

(ب) بين بين

(ج) فلم جيد جريء عن الأيام العصيبة الرائدة

71- ربما يعتقد أصدقائي أنه من الصعب معرفتي على حقيقتي جيداً:

(أ) نعم   (ب) بين بين   (ج) لا

72- أحل مشكلة ما بطريقة أفضل:

(أ) عندما أدرسها لوحدي

(ب) بين بين

(ج) مناقشتها مع الآخرين

73- حينما يجب صنع قرارات سريعة فإنني:

(أ) أتكل على التفكير المنطقي الهادئ   (ب) بين بين

(ج) أصبح متوتراً وقلقاً غير قادر على التفكير بوضوح

74- أحياناً أجد أفكاراً وذكريات سخيفة تمر على ذهني:

(أ) نعم   (ب) بين بين   (ج) لا

75- لم يسبق لي أن تضايقت في مناقشات لم أستطع أن أسيطر أثنائها على صوتي:

(أ) صحيح   (ب) غير متأكد   (ج) خطأ

76- أثناء السفر أفضل النظر للمناظر الطبيعية على أن أتحدث مع الناس:

(أ) صحيح   (ب) غير متأكد   (ج) لا

77- هل كلمة (يفقد) أفضل كلمة معاكسة للكلمة (يظهر) من كلمة يخبئ:

(أ) نعم   (ب) غير متأكد   (ج) لا

78- السواد بالنسبة للرمادي كالألم بالنسبة لـ:

(أ) التواء المفصل   (ب) غير متأكد   (ج) الحكة

79- أجد من الصعوبة أن أتقبل كلمة "لا" حتى عندما أعرف أنني أطلب المستحيل:

(أ) صحيح   (ب) بين بين   (ج) خطأ

80- غالباً ما أتألم من طريقة قول الناس للأشياء أكثر من القول نفسه:

(أ) صحيح   (ب) بين بين   (ج) خطأ

81- أتضايق من انتظار الخدم لي:

(أ) نعم   (ب) بين بين   (ج) لا

82- عندما يكون الأصدقاء في مناقشة حية فإنني:

(أ) أفضل أن أصغي لهم بانتباه (ب) بين بين
(ج) أبدي ملاحظات أكثر من أغلب الناس

83- أحب أن أتواجد في مواقف فيها كثير من الإثارة والصخب:

(أ) نعم   (ب) بين بين   (ج) خطأ

84- في العمل من الأهمية بمكان أن تكون محبوباً من الناس المناسبين من أن تعمل بوظيفة ممتازة:

(أ) صحيح   (ب) بين بين   (ج) خطأ

85- إذا كان هناك من يراقبني في الشارع أو في الدكان أشعر بارتباك بسيط:

(أ) نعم   (ب) بين بين   (ج) لا

86- ليس من السهل توضيح أفكاري في كلمات، لذلك فلا أقاطع مناقشة بالسهولة التي يقوم بها أغلب الناس.

(أ) صحيح   (ب) بين بين   (ج) لا

87- أهتم دائماً بالنواحي الميكانيكية مثل السيارات والطائرات:

(أ) نعم   (ب) بين بين   (ج) خطأ

88- غالباً ما يكون خوف الناس من أن يقبض عليهم رادعاً لهم من عدم الأمانة أو الأعمال الإجرامية

(أ) نعم   (ب) بين بين   (ج) لا

89- حقيقة يوجد هناك أناس طيبون أكثر من غير الطيبين في العالم:

(أ) نعم   (ب) غير متأكد   (ج) لا

90- الجماعات المهملة التي تقول إن أفضل الأشياء بالحياة هي التي يحصل عليها مجاناً، عادة لا تعمل للكسب:

(أ) صحيح   (ب) بين بين   (ج) خطأ

91- إذا تكلم الناس عند اجتماعهم في لجنة بدون الوصول إلى النقطة الرئيسية فإنني:

(أ) أستحثهم للوصول إلى النقطة الرئيسية

(ب) غير متأكد   (ج) أعمل الشيء العملي الذي يحقق الانسجام

92- إن الشخص الذي نجد أن طموحاته تجرح وتؤذي صديقاً عزيزاً ربما يظل معتبراً إنساناً عادياً ومواطناً جديراً بالاحترام والتقدير:

(أ) نعم   (ب) بين بين   (ج) لا

93- عندما يحدث خطأ صغير بعد خطأ آخر فإنني:

(أ) أستمر بشكل طبيعي   (ب) بين بين   (ج) أشعر بالانهزام

94- أنزعج عند شعوري بالذنب، أو أندم على الأمور الصغيرة:

(أ) نعم غالباً   (ب) أحياناً   (ج) لا

95- من الأفضل أن يجتمع الناس ببعضهم في العبادة العامة (صلاة الجمعة مثلاً) بانتظام:

(أ) صحيح   (ب) بين بين   (ج) خطأ

96- عند التخطيط لنزهات اجتماعية فإنني:

(أ) أكون دائماً مسروراً بالالتزام (بالارتباط كلياً)   (ب) بين بين

(ج) أحب الاحتفاظ بحقي في إلغاء ذهابي

97- كثير من الناس يناقشون مشاكلهم ويطلبون نصيحتي عندما يحتاجون أحداً ليحدثهم:

(أ) نعم   (ب) بين بين   (ج) لا

98- إذا تركني أصدقائي بسبب خلاف كانوا سببه:

(أ) فإنني أثور   (ب) بين بين

(ج) أتقبل ذلك بهدوء معتقداً بأن لديهم سبباً

99- بعض الأحيان من السهل أن أمتنع عن العمل بالتسلية وأحلام اليقظة:

(أ) نعم   (ب) بين بين   (ج) لا

100- لا أستطيع أن أكون فكرة فورية عن الحب وعدم الحب للناس الذين قابلتهم الآن:

(أ) صحيح   (ب) غير متأكد   (ج) خطأ

101- أستمع كثيراً لكوني:

(أ) مدير مكتب العمل   (ب) غير متأكد   (ج) مهندس معماري

102- نيسان بالنسبة لآذار كيوم الثلاثاء بالنسبة لـ:

(أ) الأربعاء   (ب) الجمعة   (ج) الاثنين

103- أي من الكلمات ليس لها علاقة بالكلمات الأخرى:

(أ) حكيم   (ب) محبوب   (ج) لطيف

104- أقطع الشارع لأتجنب مقابلة أناس لا أرغب برؤيتهم:

(أ) أبداً   (ب) نادراً   (ج) أحياناً

105- في اليوم العادي فإن عدد المشاكل التي أقابلها والتي لا أستطيع حلها هي:

(أ) واحدة صعبة   (ب) بين بين

(ج) أكثر من نصف درزينة

106- إذا لم أتفق مع مسؤول في وجهات نظره فعادة ما:

(أ) أحتفظ برأيي لنفسي   (ب) غير متأكد

(ج) أخبره بأن راتبي يختلف عن رأيه

107- أتجنب أي حديث محرج مع أفراد الجنس الآخر:

(أ) صحيح   (ب) بين بين   (ج) خطأ

108- إنني لست ناجحاً في معاملة الناس:

(أ) صحيح   (ب) غير متأكد   (ج) خطأ

109- أستمتع في قضاء أحسن وقتي وقوتي لـ:

(أ) بيتي وحاجات أصدقائي الحقيقية

(ب) بين بين

(ج) النشاطات الاجتماعية والهوايات الشخصية

110- عندما أرغب في التأثير في الناس بشخصيتي فإنني:

(أ) أنجح دائماً تقريباً   (ب) أنجح أحياناً

(ج) بشكل عام غير متأكد من النجاح

111- أفضل أن يكون لدي:

(أ) كثير من المعارف

(ب) غير متأكد

(ج) فقط قلة أصدقاء مجربين جيداً

112- من المستحسن أن تكون فيلسوفاً عن أن تكون مهندساً ميكانيكياً:

(أ) صحيح   (ب) غير متأكد   (ج) خطأ

113- أميل أن لا أكون ناقداً لأعمال الآخرين:

(أ) نعم   (ب) أحياناً   (ج) لا

114- أستمتع بالتخطيط بحرص للتأثير في معاوني حتى يساعدوني للوصول إلى أهدافي:

(أ) صحيح (ب) بين بين (ج) خطأ

115- أعتقد بأنني أكثر حساسية من معظم الناس الأغنياء في بيئتي:

(أ) نعم (ب) غير متأكد (ج) لا

116- يعتقد أصدقائي بأنني سطحي وشارد الذهن وغير عملي:

(أ) نعم (ب) غير متأكد (ج) لا

117- أفضل مع أصدقائي أن:

(أ) أحتفظ بالواقع وبالأشياء غير الشخصية

(ب) بين بين

(ج) أتحدث عن الناس ومشاعرهم

118- أحياناً أكون مسروراً جداً حتى يتملكني الخوف بأن سعادتي لن تدوم:

(أ) صحيح (ب) بين بين (ج) لا

119- أحياناً أشعر بفترات يأس وتعاسة وهبوط في الروح المعنوية بلا مبرر كافٍ:

(أ) نعم (ب) بين بين (ج) لا

120- تظهر في عملي مشاكل من الناس الذين:

(أ) باستمرار يغيرون أساليبهم التي ووفق عليها (ب) غير متأكد

(ج) يرفضون استخدام الأساليب الحديثة

121- أحب أصدقائي أن يفكروا بي كواحد منهم:

(أ) صحيح (ب) بين بين (ج) خطأ

122- عندما أبحث عن مكان في مدينة غريبة سوف:

(أ) أسأل الناس   (ب) بين بين   (ج) أخذ معي خريطة

123- أحث أصدقائي على الخروج عندما يقولون بأنهم يريدون البقاء في البيت:

(أ) نعم   (ب) غير متأكد   (ج) لا

124- عندما أدفع وأعمل فوق طاقتي أقاسي من عمليتي عدم الفهم والإمساك:

(أ) أحياناً   (ب) بالتأكيد للأبد   (ج) أبدا

125- إذا أزعجني أحد فإني

(أ) أحتفظ بذلك لنفسي   (ب) بين بين

(ج) اضطر للتحدث إلى أي إنسان لأنفس عن نفسي

126- سأكون أكثر استمتاعا بأن أكون مندوب شركة تأمين من أن أكون مزارعا:

(أ) نعم   (ب) بين بين   (ج) لا

127- التمثال بالنسبة للشكل كالأغنية بالنسبة لـ:

(أ) الجمال   (ب) الملاحظات   (ج) النغمات

128- أي من الكلمات التالية ليس لها علاقة بالكلمات الأخرى:

(أ) يهمهم   (ب) يتكلم   (ج) يصفر

129- الحياة الحديثة بها كثير من الإزعاجات المحيطة والمحطمة:

(أ) صحيح   (ب) بين بين   (ج) خطأ

130- أشعر بأنني مستعد للحياة ومتطلباتها:

(أ) دائماً   (ب) أحياناً   (ج) للأبد

131- أعتقد بصدق بأنني أكثر تصميما وقوة وطموحا من كثير من الناس الناجحين:

(أ) نعم   (ب) أحياناً   (ج) لا

132- غالباً ما يكون لي رغبة ملحة في إثارة أكثر:

(أ) صحيح   (ب) بين بين   (ج) خطأ

133- أفضل أن أكون:

(أ) ممثلا   (ب) غير متأكد   (ج) بناء

134- أجد من الأفضل أن أخطط لتجنب تضييع الوقت للتنقل بين وظيفة وأخرى:

(أ) نعم   (ب) بين بين   (ج) لا

135- حينما أكون ضمن مجموعة ما فمن عادتي:

(أ) أن أكون ملما بكل ما يدور حولي   (ب) بين بين

(ج) أن اندمج في أفكاري الخاصة أو عملي الحالي

136- عند الانضمام لجماعة جديدة انسجم بسرعة:

(أ) نعم   (ب) بين بين   (ج) لا

137- استمتع جدا لدى مشاهدتي لبعض العروض التلفزيونية المثيرة الكوميدية:

(أ) نعم   (ب) بين بين   (ج) لا

138- أفضل القراءة عن:

(أ) اكتشافات لرسومات زيتية قديمة

(ب) غير متأكد

(ج) المشاكل الإجرامية

139- عندما مواجهة المشاكل العادية دائماً لدي الأمل بحلها:

(أ) نعم   (ب) غير متأكد   (ج) لا

140- إن اهتمامي لأن أكون رجلا ناجحا عمليا وماديا أقل من اهتمامي بالسعي وراء الحقائق القيمة والروحية:

(أ) صحيح   (ب) بين بين   (ج) خطأ

141-أفضل قراءة:

(أ) رواية تاريخية جيدة   (ب) بين بين

(ج) مقال من عالم عن استغلال المصادر الطبيعية

142- لدى مناقشة الفن، الدين، السياسية نادراً ما أنعس أو أثار إلى درجة أفقد فيها أدبي واحترامي للعلاقات الإنسانية:

(أ) صحيح   (ب) غير متأكد   (ج) خطأ

143- لدى ذهابي للركوب في الباص أسرع وأتوتر وأشعر بالقلق رغم معرفتي بأنني أملك الوقت:

(أ) نعم   (ب) أحياناً   (ج) لا

144- أرغب في مطالعة المشاكل التي أفسدها الناس الآخرين:

(أ) نعم   (ب) بين بين   (ج) لا

145- يجب أن يدار المجتمع بطريقة منطقية وليس بالعاطفة أو التقليد:

(أ) نعم   (ب) بين بين   (ج) لا

146- عندما أعمل ما أرغب، أجد غالباً أنني:

(أ) مفهوم من قبل أصدقائي فقط

(ب) بين بين   (ج) أعمل ما يعتقد غالبية الناس أنه صحيح

147- أشعر بالدهشة العنيفة وعدم الثقة في بعض المجالات:

(أ) نعم   (ب) بين بين   (ج) لا

148- أحاول دائماً أن لا أكون شارد الذهن أو أنسى التفاصيل:

(أ) نعم   (ب) بين بين   (ج) لا

149- حادث قريب أو مجرد نقاش حيوي يتركني أحياناً مهزوز البدن منهك حتى أنني لا أستطيع أن أركز على عمل ما:

(أ) صحيح   (ب) بين بين   (ج) خطأ

150- أجد مشاعري تغلي من الداخل:

(أ) نادراً   (ب) أحياناً   (ج) غالباً

151- لهواية ممتعة أفضل أن انتسب إلى:

(أ) نادي هواة التصوير   (ب) غير متأكد

(ج) جمعيات المناظرات الأدبية

152- الربط بالنسبة للخلط كالفريق بالنسبة لـ:

(أ) الجمهور   (ب) الجيش   (ج) لعبة

153- الساعة للزمن كالخياط لـ:

(أ) مقياس الأشرطة   (ب) مقص   (ج) القماش

154- أجد صعوبة في إتباع ما يقوله الناس نتيجة استعمالهم الغريب لاصطلاحات دارجة:

(أ) نعم   (ب) بين بين   (ج) لا

155- يهتم القضاء دائماً في:

(أ) الاتهامات دون اعتبار الشخص   (ب) غير متأكد

(ج) حماية البريء

156- يدعوني الناس أحياناً بالمتفاخر وبأنني شخصية متكبرة (متعالية)

(أ) نعم   (ب) بين بين   (ج) لا

157- من الأفضل للإنسان أن يعيش حياة رئيس مطبعة من أن يكون رجل دعاية مشجع للبيع:

(أ) صحيح   (ب) غير متأكد   (ج) خطأ

158- أميل للكلام ببطء:

(أ) نعم   (ب) أحياناً   (ج) لا

159- عندما أقوم بعمل شيء ما ينصب اهتمامي الرئيسي على:

(أ) الشيء الذي أريد عمله فعلا   (ب) غير متأكد

(ج) أن لا تكون هناك نتائج سيئة لمن يساعدني

160- اعتقد أن معظم القصص والأفلام يجب أن تعلمنا الأخلاق الحميدة:

(أ) صحيح   (ب) بين بين   (ج) خطأ

161- لدى البدء بنقاش مع الناس الغرباء:

(أ) عملية صعبة بالنسبة لي

(ب) بين بين

(ج) لا تثير بالنسبة لي أي قلق أو مشكلة

162- إن الإقلال من هيبة المدرس والقاضي والناس المثقفين يسليني دائماً:

(أ) نعم   (ب) بين بين   (ج) لا

163- بالنسبة للتلفزيون أفضل مشاهدة:

(أ) مسرحية فنية عظيمة   (ب) غير متأكد

(ج) برنامج عملي علمي حول الاقتراحات الجدية

164- أتضايق من الناس الذين يتبنون طبع التعالي(التكبر):

(أ) نعم   (ب) بين بي   (ج) لا

165- أفضل قضاء الوقت مستمتعا:

(أ) مع فرقة متجانسة في لعبة الورق الشدة)   (ب) غير متأكد

(ج) بأشياء جميلة في معرض فني

166- أتودد أحياناً في استعمال أو تبني أفكاري لخوفي من أنها غير عملية:

(أ) نعم   (ب) بين بين   (ج) لا

167- إنني دائماً مؤدي ودبلوماسي مع الناس الخياليين (اللاعقلانيين) ولا أرى بأن أظهر لهم كم هم محدودي التفكير:

(أ) صحيح   (ب) بين بين   (ج) خطأ

168- أفضل الحياة في مدينة نشيطة أكثر من قرية هادئة أو منطقة ريفية:

(أ) صحيح   (ب) بين بين   (ج) خطأ

169- عندما اختلف مع أي شخص على قضايا اجتماعية أفضل:

(أ) معرفة الأسباب الأساسية لاختلافنا أو ماذا يعني ذلك

(ب) غير متأكد

(ج) فقط الوصول إلى حل عملي مقنع للطرفين

170- أعتقد أنه يجب على الناس أن يفكروا مليا قبل أن يلعنوا حكمة القاضي:

(أ) نعم   (ب) غير متأكد   (ج) لا

171- أحصل على معلومات أو أفكار كثيرة لدى قراءة كتاب بنفس الدرجة لدى مناقشة مواضيعه

مع الآخرين:

(أ) نعم   (ب) بين بين   (ج) لا

172-ينتقد بعض الناس شعوري أو اهتماماتي بالمسؤولية:

(أ) نعم   (ب) غير متأكد   (ج) لا

173- أقيم نفسي بأنني:

(أ) حذر وشخص عملي   (ب) بين بين

(ج) أكثر من رجل أحلام

174- في المناسبات أجد أن عواطفي ومشاعري تجاريني:

(أ) نعم   (ب) غير متأكد   (ج) خطأ

175- عندما أغلق الباب بعنف أشعر بالضيق وأكسر النافذة أحياناً:

(أ) نادراً جدا   (ب) أحياناً   (ج) غالباً

176- استمتع أكثر في:

(أ) كوني مسؤول عن ألعاب الأطفال   (ب) غير متأكد

(ج) كوني مساعدا للساعاتي

161

177- العدالة بالنسبة للقانون كالفكرة بالنسبة ل

(أ) الكلمات (ب) المشاعر (ج) النظريات

178- أي من الكلمات التالية ليس لها علاقة بالكلمات الأخرى:

(أ) الثاني (ب) مرة (ج) وحيد

179- أفضل أن أعيش:

(أ) نفس نمط الحياة التي أحياها الآن (ب) غير متأكد

(ج) حياة محبة، قليلة المشاكل

180- أعتقد أن أهم شيء في الحياة أن أعمل ما أريد:

(أ) نعم (ب) غير متأكد (ج) لا

181- صوتي في الحديث:

(أ) قوي (ب) بين بين (ج) ناعم

182- أحب العمل أن يؤدي في حينه حتى لو قادني ذلك إلى صعوبات فيما بعد:

(أ) نعم (ب) بين بين (ج) لا

183- أوصف دائماً بأنني إنسان سعيد، محظوظ:

(أ) صحيح (ب) غير متأكد (ج) خطأ

184- أكرة جدا منظر الفوضى:

(أ) نعم (ب) غير متأكد (ج) خطأ

185- أتحب أن أتأكد من حالة الممتلكات المقترضة عند إعادتها سواء لي أم للآخرين:

(أ) نعم (ب) بين بين (ج) لا

186- في التجمعات العامة أو الشعبية أتضايق من الشعور بالخجل:

(أ) أبدا   (ب) أحياناً   (ج) غالباً

187- أنا متأكد من عدم وجود أسئلة لم أجب عنها كاملا:

(أ) نعم   (ب) غير متأكد   (ج) لا

طريقة التصحيح وتفسير النتائج:

المقياس يحدد خريطة سمات شخصية الفرد، عدد فقرات المقياس 187 فقرة، ومنها (184) وضعت لكي تقيس العوامل الستة عشر، والثلاث الباقيات ذات الأرقام (1،2، 187) فقرات أضيفت لإدخال المفحوص جو الاختبار.

المقياس خاص بطلبة المرحلتين الإعدادية والثانوية، مدة تطبيق المقياس ما بين (45-60) دقيقة، لكل فقرة من فقرات المقياس ثلاثة بدائل للإجابة، وعلامة كل فقرة موزعة ما بين (صفر- 1-2) ما عدا العامل الثاني (عامل الذكاء) ويرمز له بالرمز B حيث أعطي للإجابة الصحيحة علامة واحدة وللإجابتين الباقيتين صفر.

يعتبر كل عامل مستقلاً عن العوامل الأخرى وتبلغ عدد فقرات كل عامل ما بين (10-14) فقرة ولا تشترك الفقر في أكثر من عامل واحد.

العوامل التي يتكون منها المقياس:

1- العامل الأول (F A) غير متحفظ /متحفظ: قطبه العالي غير متحفظ حين يكون الفرد وديا اجتماعيا مشاركا والقطب المنخفض متحفظ حين يكون الفرد مستقلاً انتقاديا منعزلا، الفقرات التي تقيسه: 3-26-27-51-52-76-101-126-151-176(فقرة 52 الايجابي ب وما تحته خط الايجابي أ).

2- العامل الثاني (F B) ذكي/ غبي: قطبه العالي ذكي حيث يكون الفرد بارعا، لامعا

163

ولديه قدرة مدرسية أعلى، والقطب المنخفض غبي حين يكون الفرد أقل ذكاء ولديه قدرة مدرسية أقل. الفقرات التي تقيسه28-53-54-77-78-102-103-127-128-152-153-177-178.

3- العامل الثالث (F C) هادئ/ سهل الإثارة: قطبه العالي هادئ حين يكون الفرد ذا ثبات عاطفي ناضجا يواجه الحقيقة، لديه قوة أنا أعلى، والقطب المنخفض سهل الإثارة حين يكون عصبيا يضطرب بسهولة، متقلبا قابلا للتغيير وقوة الأنا لديه أقل، الفقرات التي تقيسه: 4-5-29-30- 55-79-80-104-105-129-130-154-155-179.

4- العامل الرابع (F E) محب للسيطرة/ خضوع: قطبه العالي محب للسيطرة حين يكون الفرد عدوانيا عنيدا، ميالا للجزم والتوكيد، وقطبه المنخفض خضوع حين يكون الفرد لطيفا بشكل كبير سهل الانقياد ومجاملا، الفقرات التي تقيسه: 6-7-31-32-56-57-81-106-131-156-180-181.

5- العامل الخامس (F E) انبساطي/ انطوائي: قطبه العالي انبساطي حين يكون الفرد مبتهجا والقطب المنخفض انطوائي حين يكون الفرد رزينا، قليل الكلام وجديا وعاقلا منضبطا، الفقرات التي تقيسه: 8-33-58-82-83-107-108-132-133-157-158-182- 183.

6- العامل السادس(FG) حي الضمير/ لا أبالي: قطبه العالي حي الضمير حين يكون الفرد مثابرا مواظبا مثاليا، وخلوق وقوة الأنا الأعلى لديه أقوى، والقطب المنخفض لا أبالي حين يكون نفعيا مصلحيا ومهملا وغير مثابر وقوة الأنا الأعلى لديه أضعف، الفقرات التي تقيسه: 9-34-59-84- 109-134-159-160-184-185.

7- العامل السابع (F H) مغامر /خجول: قطبه العالي مغامر حين يكون الفرد شجاعا اجتماعيا والقطب المنخفض خجول حين يكون الفرد غير مغامر جبان، الفقرات التي تقيسه: 10-35-36- 60-61-85-86-110-111-135-136-161-186.

8- العامل الثامن (F I) عقلية مرنة/ عقلية خشنة: قطبه العالي عقلية مرنة حين يكون الفرد لطيفا وحساسا والقطب المنخفض عقلية خشنة حين يكون عنيفا، الفقرات التي تقيسه: 11- 12-37-62-87-112-137-138-162-163.

9- العامل التاسع (F L) شكاك/ غير شكاك: قطبه العالي شكاك حين يكون الفرد مرتابا ومهموما والقطب المنخفض غير شكاك، حين يكون واثقا بالناس يميل للتقبل مرحا، الفقرات التي تقيسه: 13-38-63-64-88-89-113-114-139-164.

10- العامل العاشر (F M) قطبه العالي ذو خيال حين يكون الفرد صاحب تخيلات رومانتيكية وشارد الذهن والقطب المنخفض عملي حين يكون الفرد واقعيا، الفقرات التي تقيسه: 14-15-39-40-65- 90-91-115-116-140-141-165-166.

11- العامل الحادي عشر (F N) داهية/ ساذج: قطبه العالي داهية حين يكون الفرد ماكرا كيسا اجتماعيا ومطلعا واعيا، وقطبه المنخفض ساذج حين يكون الفرد صريحا غير زائف يميل للبساطة، الفقرات التي تقيسه: 16-17-41-42-66-67-92-117-142-167.

12- العامل الثاني عشر (F O) قلق/مطمئن: قطبه العالي قلق حين يكون الفرد مضطربا وسريع الفهم والإدراك وغير مطمئن، وقطبه المنخفض مطمئنا حين يكون الفرد واثقا من نفسه وراضيا عن نفسه ورابط الجأش هادئا، الفقرات التي تقيسه: 18-19-43-44-68-69-93-94-118-119-143- 144-168.

13- العامل الثالث عشر(F Q) مجدد / تقليدي: قطبه العالي مجدد حين يكون الفرد مجربا وغير حرفي ومتسامحا ذا تفكير حر وراديكالي، والقطب المنخفض تقليدي حين يكون الفرد مقاوما للتجديد محافظا على القديم حذرا ويحترم الأفكار التقليدية وذا مزاج محافظ، الفقرات التي تقيسه: 20- 21-45-46-70-95-120-145-169.-170.

14- العامل الرابع عشر (F Q2) مستقل/اتكالي: قطبه العالي مستقل حين يكون الفرد واسع الحيلة ومكتفيا ذاتيا ويفضل قراراته الشخصية (مغرورا) والقطب المنخفض اتكالي حين يكون الفرد متكلا على الجماعة وملتزما بها ومفتقرا إلى التصرف الذاتي، الفقرات التي تقيسه: 22- 47-71-72-96-97-121-122-146-171.

15- العامل الخامس عشر (FQ3) منضبط/ غير منضبط: قطبه العالي منضبط حين يكون الفرد منضبطا اجتماعيا قوي الإرادة متقيدا بالقوانين له صورة جيدة عن ذاته، والقطب المنخفض غير منضبط حين يكون الفرد منحلا غير رقيق مهملا للقوانين وذا صورة ضعيفة عن ذاته. الفقرات التي تقيسه: 23-24-48-73-98-123-147-148-172.-173.

16- العامل السادس عشر: (F Q4) متوتر /غير متوتر: قطبه العالي متوتر حين يكون الفرد نشيطا ديناميكيا مهتاجا، وذا طاقة حيوية متوترة، والقطب المنخفض غير متوتر حين يكون الفرد مسترخيا هادئا رابط الجأش وذا طاقة حيوية غير متوترة، الفقرات التي تقيسه: 25-49-50-74-75-99-100-124-125-149-150-174-175. (الفار، 1986).

الفقرات والإجابة على كل منها:

رقم الفقرة	الإجابة	رقم الفقرة	الإجابة	رقم الفقرة	الإجابة	رقم الفقرة	الإجابة	رقم الفقرة	الإجابة
1	ج	39	أ	77	ج	115	ج	153	ج
2	ج	40	أ	78	ب	116	أ	154	ج
3	أ	41	ج	79	ج	117	أ	155	أ
4	أ	42	أ	80	ج	118	أ	156	أ
5	ج	43	أ	81	ج	119	أ	157	ج
6	ج	44	ج	82	ج	120	ج	158	ج
7	أ	45	ج	83	أ	121	ج	159	ج
8	ج	46	أ	84	ج	122	ج	160	أ
9	ج	47	أ	85	ج	123	ج	161	ج
10	أ	48	أ	86	ج	124	أ	162	ج
11	ج	49	أ	87	ج	125	ج	163	أ
12	أ	50	أ	88	أ	126	أ	164	أ
13	ج	51	ج	89	ج	127	ج	165	ج
14	ج	52	ب	90	ج	128	ب	166	ج
15	ج	53	ب	91	أ	129	ج	167	أ
16	ج	54	ب	92	ج	130	أ	168	ج

رقم الفقرة	الإجابة	رقم الفقرة	الإجابة	رقم الفقرة	الإجابة	رقم الفقرة	الإجابة	رقم الفقرة	الإجابة
17	أ	55	أ	93	ج	131	أ	169	أ
18	ج	56	أ	94	أ	132	أ	170	ج
19	ج	57	ج	95	ج	133	أ	171	أ
20	أ	58	أ	96	ج	134	ج	172	ج
21	ج	59	ج	97	ج	135	أ	173	أ
22	ج	60	ج	98	أ	136	أ	174	أ
23	ج	61	ج	99	أ	137	ج	175	ج
24	ج	62	ج	100	ج	138	أ	176	أ
25	ج	63	ج	101	أ	139	ج	177	أ
26	ج	64	ج	102	ج	140	أ	178	أ
27	ج	65	أ	103	ب	141	ج	179	أ
28	ب	66	ج	104	أ	142	أ	180	أ
29	ج	67	ج	105	أ	143	أ	181	أ
30	أ	68	ج	106	ج	144	ج	182	ج
31	ج	69	أ	107	ج	145	ج	183	أ
32	ج	70	أ	108	ج	146	أ	184	أ
33	أ	71	أ	109	أ	147	ج	185	أ

رقم الفقرة	الإجابة	رقم الفقرة	الإجابة	رقم الفقرة	الإجابة	رقم الفقرة	الإجابة	رقم الفقرة	الإجابة
34	ج	72	أ	110	أ	148	أ	186	ج
35	ج	73	أ	111	أ	149	أ	187	ج
36	أ	74	أ	112	ج	150	ج		
37	أ	75	ج	113	أ	151	ج		
38	أ	76	ج	114	أ	152	أ		

سادسا: العلاج المتعدد الوسائل - آرنولد لازاروس **Multimodal Theory**

أحد النظريات الحديثة في العلاج والإرشاد النفسي ويمكن الاستفادة من هذه القائمة في تحديد المشكلات التي يعاني منها الطلبة، حيث أنها تطرح أسئلة في جميع المجالات مثل: السلوك، الأفكار، المشاعر، الإحساس، الخيال، العلاقات الاجتماعية، الصحة.

العلاج متعدد الوسائل هو طريقة نسقية وشاملة للعلاج النفسي في حين تخدم النظرية الفرضية التي تدعو إلى التزام الممارسة بقواعد وأساليب ونتائج علم النفس باعتبار علما، ومن الفروض الأساسية للنظرية إن المسترشدين يعانون عادة نتيجة مجموعة من مشكلات معينة، والتي يجب على المرشد أن يتناولها أيضا بمجموعة من العلاجات المحددة وفي التقويم الذي يتم في هذا الموضوع من العلاج فإن كل جانب من جوانب القياس يجيب عن سؤال عن ماذا يصلح؟ ولمن؟ وتحت أي ظروف ؟ وهذا بشكل إجرائي ,وهذه الجوانب للتقدير قد لخصها لازاروس في الحروف التالية BASIC-ID حيث:

B ترمز للسلوك (Behavior)

A ترمز للوجدان Affect

S ترمز للإحساس Sensation

I ترمز للتخيل Imagery

C ترمز للمعرفة Cognition

I ترمز للعلاقات الشخصية Interpersonal Relationships

D ترمز للأدوية والعقاقير Drugs وكذلك للجوانب البيولوجية Biology

السلوك behavior: المسترشد في جميع الأبعاد التي أشار إليها لازوراس:

السلوك behavior: أسئلة المرشد النفسي

- ما الذي ترغب في تعديله ؟
- ما مدى دافعيتك ونشاطك للقيام بذلك.
- ما الذي ترغب أن تبدأ به ؟
- ما هي جوانب القوة ذات العلاقة بالسلوك المستهدف؟

الاستجابة الانفعالية affective:

- ما هي الانفعالات التي تشعر بها الآن ؟
- ما الذي يساعد على أن تشعر بالسعادة ؟
- ما هي الانفعالات التي تسبب لك مشكلة ؟

الأحاسيس sensations:

- هل تعاني من شعورك بأحاسيس غير سارة مثل، صداع، الآم ؟
- ما مدى تركيزك على أحاسيسك.
- ما هي الجوانب المفضلة وغير المفضلة لديك في توظيف أحاسيسك؟

الخيال Image:

- هل تغرق في التخيلات وأحلام اليقظة ؟
- هل تركز كثيراً على الخيال؟
- كيف ترى نفسك الآن وكيف تحسب أن تراها في المستقبل؟

المعرفة Cognition:

- كيف تساهم أفكارك في التأثير انفعاليا على عواطفك؟

- ما هي القيم والاعتقادات؟

- التي تلتزم بها وتؤكد عليها ؟

- ما هو الحديث الذاتي الايجابي السلبي الذي تقوله لذاتك؟

- ما هي الأفكار اللاعقلانية – العقلانية لديك؟

العلاقات الشخصية interpersonal relationships:

- إلى مدى تغب بمشاركة الآخرين ؟

- ماذا تتوقع من الأشخاص المهمين؟

- في حياتك وماذا يتوقعون منك؟

- هل الآخرين،ير علاقاتك؟

- مع الآخرين،ولماذا؟

- المخدرات والوظائف الحيوية والتغذية Drugs:

- هل لديك اهتمامات بشأن صحتك ؟

- هل أنت مدمن على أي نوع من المخدرات؟

(الخواجا، 2003)

سابعا: قائمة نيو للشخصية

تهتم هذه القائمة بالكشف عن الأبعاد الخمسة الأساسية في الشخصية وهي: العصابية والانبساطية والانفتاحية والانسجام ويقظة الضمير.

مظاهر الأبعاد الخمسة لقائمة نيو لقياس الشخصية:

1- العصابية Neuroticism ويقيسه الفقرات: 1، 2، 3، 4، 5، 6، 7، 8، 9، 10، 11، 12، ويهتم بالتوتر والقلق والغضب والاكتئاب والاندفاعية والقابلية للاستسلام والإدراك الذاتي.

2- الانبساطية Extraversion: وتقيسه الفقرات: 13، 14، 15، 16، 17، 18، 19، 20، 21، 22، 23، 24 ويهتم بالتعرف على الحياة الحميمة والاجتماعية والميل إلى التوكيد والنشاط والبحث عن الإثارة والمشاعر الإيجابية.

3- الانفتاحية Openness وتقيسه الفقرات: 25، 26، 27، 28، 29، 30، 31، 32، 33، 34، 35، 36، ويهتم بالخيال والجمالية والمشاعر والأحداث والأفكار والقيم لدى الفرد.

4- الانسجام Agreeableness وتقيسه الفقرات: 37، 38، 39، 40، 41، 42، 43، 44، 45، 46، 47، 48، ويهتم بالثقة والاستقامة والإيثار والطاعة والتواضع والرقة والحساسية لدى الفرد.

5- يقظة الضمير Conscientiousness: وتقيسه الفقرات: 49، 50، 51، 52، 53، 54، 55، 56، 57، 58، 59، 60، ويهتم بالكفاءة والترتيب والقيام بالواجب والكفاح من جل الإنجاز والانضباط الذاتي والتفكير المتأني لدى الفرد.

الرقم	الفقرة	موافق بشدة	موافق	محايد	غير موافق	غير موافق بشدة
-1	أنا لست شخصا قلقا	1	2	3	4	5
-2	غالباً ما أشعر بأنني أقل شأنا من الآخرين	5	4	3	2	1
-3	عندما أكون تحت ضغط هائل أشعر أحياناً بأن أعصابي قد انهارت	5	4	3	2	1
-4	نادراً ما أشعر بالوحدة والكآبة	1	2	3	4	5
-5	أشعر غالباً بالتوتر والعصبية	5	4	3	2	1
-6	أشعر أحياناً بأنني عديم القيمة	5	4	3	2	1
-7	نادراً ما أشعر بالخوف والقلق	1	2	3	4	5
-8	غالباً ما أغضب من الطريقة التي يعاملني بها الآخرون	5	4	3	2	1
-9	عندما لا تسير الأمور بالشكل الصحيح، أشعر بالإحباط أو الاستسلام	5	4	3	2	1
-10	نادراً ما أكون حزينا ومكتئبا	1	2	3	4	5
-11	غالباً ما أشعر بعدم قدرتي على مساعدة الآخرين وأريد من شخص آخر أن يحل مشكلاتي	5	4	3	2	1
-12	عندما أشعر بالخجل أود لو اختبئ كي لا يراني أحد	5	4	3	2	1

غير موافق بشدة	غير موافق	محايد	موافق	موافق بشدة	الفقرة	الرقم
1	2	3	4	5	أحب أن يكون حولي الكثير من الناس	13-
1	2	3	4	5	أسر وأضحك بسهولة	14-
5	4	3	2	1	لا أعتبر نفسي خاليا من الهموم	15-
1	2	3	4	5	أستمتع حقا بالحديث مع الآخرين	16-
1	2	3	4	5	أحب أن أكون في بؤرة الحدث	17-
5	4	3	2	1	أفضل عادة القيام بأعمالي وحدي	18-
1	2	3	4	5	غالباً ما أشعر بأنني مفعم بالنشاط	19-
1	2	3	4	5	أنا شخص سعيد ومبتهج	20-
5	4	3	2	1	أنا لست بالمتفائل المبتهج	21-
1	2	3	4	5	حياتي تمر سريعا	22-
1	2	3	4	5	أنا شخص نشيط جدا	23-
5	4	3	2	1	أفضل أن أقود نفسي على أن أقود الآخرين	24-
5	4	3	2	1	لا أحب أن أضيع وقتي في أحلام اليقظة	25-
5	4	3	2	1	عندما أعرف الطريقة الصحيحة للقيام بشيء ما فإنني التزم بها	26-
1	2	3	4	5	التزم بالنماذج التي أجدها في الفن والطبيعة	27-

5	4	3	2	1	اعتقـد بـأن السـماح للطـلاب بالاستماع إلى متحدثين متناقضين لا يعمل أكثر مـن مجرد تشويشهم وتضليلهم	28-
5	4	3	2	1	للشعر تأثير قليل علي أو ليس له تأثير	29-
1	2	3	4	5	غالبـاً ما أحاول أن أجـرب الأطعمـة الجديدة والغريبة	30-
5	4	3	2	1	نادراً ما ألاحظ تغير المزاج مع تغير المواقف والبيئات المختلفة	31-
5	4	3	2	1	اعتقد أن علينا الرجوع إلى السلطات الدينية فيما يتعلق بالأمور الأخلاقية	32-
1	2	3	4	5	عنـدما أقرأ قصيدة مـن الشعر أو أنظر في عمل فني فإنني أشعر أحياناً بالاستمتاع	33-
5	4	3	2	1	لدي اهتمام قليل بالتفكير في طبيعـة الكون والظروف البشرية	34-
1	2	3	4	5	لدي الكثير من الفضول الفكري	35-
1	2	3	4	5	غالبـاً مـا استمتع بالتعامـل مـع النظريـات والأفكار الجديدة	36-

1	2	3	4	5	أحاول أن أكون لطيفا مع جميع من أقابلهم	37-
5	4	3	2	1	غالباً ما أدخل في مجادلات مـع عـائلتي ومـع زملائي في العمل	38-
5	4	3	2	1	يعتقد بعض الناس أنني أناني ومغرور	39-
1	2	3	4	5	أفضل أن أتعاون مع الآخـرين عـلى التنـافس معهم	40-
5	4	3	2	1	أميل إلى السخرية والشك في نوايا الآخرين	41-
5	4	3	2	1	أعتقد بأن أغلب الناس سـوف يستغلوني إذا سمحت لهم بذلك	42-
1	2	3	4	5	يحبني معظم الناس الذين أعرفهم	43-
5	4	3	2	1	يعتقد بعض الناس بأنني غير مبال وأناني	44-
5	4	3	2	1	أكون اتجاهاتي بعقلانية وأتمسك بها	45-
1	2	3	4	5	أحاول بشكل عـام أن أكون مراعيا لحقوق الآخرين ومشاعرهم	46-
5	4	3	2	1	عندما لا أحب أحدا فإنني أحب أن أشعره بذلك	47-

177

5	4	3	2	1	عند الضرورة لدي الاستعداد لأن أتعامل مع الآخرين بالطريقة التي تحقق لي الحصول على ما أريد	48-
1	2	3	4	5	أسعى إلى المحافظة على أن تكون أشيائي مرتبة ونظيفة	49-
1	2	3	4	5	أنا بارع في إدارة الوقت بحيث يتم إنجاز الأشياء في أوقاتها المحددة	50-
5	4	3	2	1	أنا لست شخصا منظما بشكل كبير	51-
1	2	3	4	5	أحاول القيام بجميع الأعمال الموكلة إلى بضمير حي	52-
1	2	3	4	5	لدي مجموعة واضحة من الأهداف وأعمل على تحقيقها بأسلوب منتظم	53-
5	4	3	2	1	أهدر الكثير من الوقت قبل البدء بتنفيذ العمل	54-
1	2	3	4	5	أعمل بجد واجتهاد لتحقيق أهدافي	55-
1	2	3	4	5	عندما ألتزم القيام بعمل ما فإنني أحرص على انجازه	56-

5	4	3	2	1	أظهر أحياناً بأنه لا يعتمد علي، ولست ثابتا كما يجب أن أكون	-57
1	2	3	4	5	أنا شخص منتج أحب دائماً إنجاز الأعمال	-58
5	4	3	2	1	يبدو أنني لا أستطيع أبدا أن أكون منظما	-59
1	2	3	4	5	أكافح من أجل أن أكون متميزا في أي عمل	-60

(الجهني، 2006)

طريقة التصحيح والتفسير:

المقياس يتكون من (60) فقرة، وخمسة أبعاد، عدد فقرات كل بعد (12) فقرة، والعلامة في كل بعد تتراوح بين (12-60) وتدل العلامة المرتفعة على درجة مرتفعة في البعد سواء العصابية أو الانفتاحية أو الانبساطية، أو الانسجام أو يقظة الضمير.

ثامنا: اختبار تحديد القضايا (D. I. T) أو ما يسمى مقياس النمو الأخلاقي

تم استخدام مقياس النمو الخلقي الذي طوره جمس رست عام 1974 ليلائم البالغين من العمر (13) سنة وما فوق، حيث قام (النصير، 1981) بترجمة المقياس إلى اللغة العربية واستبدلت الأسماء الأجنبية الواردة في القصص إلى الأسماء العربية كما أجريت بعض التعديلات على بعض الأسئلة لتلائم البيئة الأردنية وهذه الأداة تهدف لقياس مستوى الحكم الأخلاقي وهي عبارة عن أسئلة تشتمل على ستة مواقف أخلاقية هي (محمود والدواء، السجين الهارب، الطبيب، المجلة، التلاميذ، سمير وجون) وكل من هذه المواقف تعرض مشكلة أخلاقية تطلب من الفرد أن يتصور نفسه في هذه المواقف وأن يتخذ قرار أخلاقي لحل المشكلة، حيث يتبع كل من هذه المواقف (12) سؤالاً لتوضيح وجهة النظر الأخلاقية لدى المفحوص، وتطلب من المفحوص تحديد أهم (4) أسئلة من الأسئلة في كل قصة وترتيبها تنازلياً حسب الأهمية، وتتدرج هذه الأداة بشكلها الخماسي أي أن هناك خمسة إجابات لكل سؤال وهي (سؤال عظيم الأهمية، سؤال كثير الأهمية، سؤال ذو أهمية متوسطة، سؤال قليل الأهمية، سؤال عديم الأهمية).

اختبار تحديد القضايا (D. I. T)

وضع هذا الاستبيان لمعرفة طريقة تفكير الناس في المشكلات الاجتماعية، والمطلوب منكم قراءة كل موقف بوضوح، وإعطاء رأيك، رأيك حول المشكلات المتعددة في المواقف بإرفاق الإجابة عن كل سؤال بوضع إشارة (✖) بجانب كل سؤال.

علماً بأنه لا يوجد في هذا المجال إجابة خاطئة أو صحيحة وستكون الإجابات سرية ولن يطلع عليها أحد ولن تستخدم إلا لغايات البحث العلمي.

إليكم الموقف التالي كمثال على ذلك:

فكر كمال في شراء سيارة خصوصية لعائلته المكونة من زوجته وولديه ولما كان كمال موظفا ذا دخل متوسط، فلابد أن يجيب على عدة أسئلة يحدد من خلالها نوع السيارة التي يرغب في شراءها. إذا كنت أنت كمال فما أهمية كل من الأسئلة التالية في اتخاذ قرار نوع السيارة التي ستشتريها؟ (الرواشدة، 2007)

الرقم	الأسئلة	عظيم الأهمية	كثير الأهمية	ذو أهمية متوسطة	قليل الأهمية	عديم الأهمية
1-	هل بائع السيارات يسكن في نفس المنطقة التي يسكن بها كمال؟) ملاحظة: هذا السؤال غير مهم في قرار شراء السيارة لذلك نضع إشارة (✖) في المربع الرابع.					
2-	هل السيارة المستعملة أفضل اقتصاديا من السيارة الجديدة؟) ملاحظة: هذا السؤال قد يكون مهما في شراء السيارة لذلك نضع إشارة (✖) في المربع الأول					
3-	هل يحب كمال أن يكون لون سيارته أخضر؟) ملاحظة: هذا السؤال قد يكون مهما					

الرقم	الأسئلة	عظيم الأهمية	كثير الأهمية	ذو أهمية متوسطة	قليل الأهمية	عديم الأهمية
	بعــض الشيــء في قــرار شراء السيارة لذلك نضع إشارة (✖) في المربع الثاني.					
4-	هل السيرة المتسعة أفضل مـن السيارة الضيقة ؟) ملاحظة: هذا السؤال قد يكون مهـما في شراء السيارة لذلك نضع إشارة (×) في المربع الأول.					
5-	هل السيارة الأكثر طولا أسرع ؟) ملاحظـة: هـذا السـؤال قـد يكمن قليل الأهميـة في اتخـاذ قرار شراء السيارة لـذلك نضع إشارة (×) في المربع الثالث					
6-	هل الدعامة الأماميـة ثابتـة أو متغـيرة ؟) ملاحظـة: هـذا السؤال قـد لا يكـون مهـما في اتخاذ شراء السيارة لذلك نضع إشارة (×) في المربع الرابع.					

الموقف الأول: محمود والدواء

أصيبت زوجة محمود بمرض خطير جداً جعلها تقترب من الموت فذهب بها محمود إلى المستشفى لكن الأطباء عجزوا عن شفائها بما لديهم من أدوية، اخبر الأطباء محمود أنه بالإمكان شفاء زوجته إذا تناولت الدواء الذي صنعه الصيدلي عادل فذهب محمود لشراء هذا الدواء من صيدلية عادل لكن عادل طلب منه ثمناً غالياً لان هذا الدواء من صنعه وان من حقه أن يبيعه بالثمن الذي يريد حاول محمود أن يجمع المال المطلوب لشراء الدواء لكنه لم يستطع كما أن الصيدلي عادل لم يقبل أن يبيع ارخص ولم يقبل بيعه بالتقسيط بعد أن فشل محمود في الحصول على الدواء بكل الطرق الممكنة فكر في كسر المخزن واخذ الدواء حتى يشفي زوجته.

هل يسرق محمود الدواء: اختر احد الإجابات التالية.

1- نعم، يجب أن يسرق

2- لا استطع أن أقرر

3- يجب أن يسرقه

لديك عدد من الأسئلة حدد درجة لكل سؤال حسب أهمية في اتخاذ قرار سرقة الدواء أو عدم سرقته. وذلك بوضع إشارة (✖) في المربع المناسب.

الرقم	الأسئلة	عظيم الأهمية	كثير الأهمية	ذو أهمية متوسطة	قليل الأهمية	عديم الأهمية
1-	هل يجب على الفرد أن يطيع القوانين الاجتماعية دائما ؟					
2-	هل حب الرجل لزوجته يجعله يقوم بالسرقة من أجلها ؟					

الرقم	الأسئلة	عظيم الأهمية	كثير الأهمية	ذو أهمية متوسطة	قليل الأهمية	عديم الأهمية
-3	هل يعرض محمود حياته للخطر بسبب سرقة الدواء لإنقاذ زوجته ؟					
-4	هل محمود مصارع أو له أصدقاء من المصارعين يستطيع أن يؤثر فيهم ؟					
-5	هل من حق محمود أن يقوم بالسرقة من أجل إنقاذ نفسه أو من أجل الآخرين؟					
-6	هل يجب علينا احترام حق الصيدلي في اختراعه ؟					
-7	هل الحياة تعني عدم الموت فقط ؟					
-8	هل الأخلاق ضرورية لتهذيب (تحديد) العالقات بين الناس ؟					
-9	هل يجب أن يكون هناك قانون يحمي المحتكرين ليحتمي الصيدلي به ؟					
-10	هل القانون في مثل هذه الحالة يمنع الإنسان من الحصول على أهم حق من حقوقه وهو حق الحياة ؟					
-11	هل يجب سرقة الصيدلي لأنه طماع ولئيم؟					
-12	هل السرقة في مثل هذه الحياة تجلب الخير والمنفعة للمجتمع ؟					

اختر السؤال الأكثر أهمية من بين الأسئلة السابقة، ثم ضع الذي من حيث الأهمية تحته وهكذا أي المطلوب منك اختيار أهم أربعة أسئلة وترتيبها تنازلياً حسب أهميتها.

1- السؤال الأكثـــر أهمية ....

2- السؤال الثانـي بالأهمية ....

3- السؤال الثالث بالأهمية ....

4- السؤال الرابع بالأهمية ....

(أولئك الناس الذين يخبئون البضاعة لبيعها بأسعار عالية المحتكرين):

الموقف الثاني: مشكلة الطبيب

أم سليمان امرأة تعاني من الآم شدة بسبب إصابتها بمرض السرطان بعد أن كشف عليها الأطباء قالوا إنها ستموت بعد ستة أشهر كانت أم سليمان ضعيفة جداً حتى أن إعطاءها المخدر الذي يسكن الآلام قد يؤدي إلى وفاتها، عرفت أم سليمان إنها ستموت قريباً لذا طلبت من الطبيب أن يعطيها كمية المخدر حتى تموت وترتاح من الألم.

ماذا يجب على الطبيب أن يفعل ؟ اختر الأجوبة التالية

1- يجب أن يعطيها كمية المخدر الكافية لقتلها.

2- لا استطيع أن أقتلها.

3- لا يجوز أن يعطيها كمية المخدر الكافية لقتلها.

لديك عدد من الأسئلة حدد درجة لكل سؤال حسب أهمية في اتخاذ قرار سرقة الدواء أو عدم سرقته. وذلك بوضع إشارة (✖) في المربع المناسب.

الرقم	الأسئلة	عظيم الأهمية	كثير الأهمية	ذو أهمية متوسطة	قليل الأهمية	عديم الأهمية
1-	هل من المفضل أن تعطي المرأة مخدر كافية لمتها أم لا ؟					
2-	هـل يعتبر الطبيـب قـاتلا ويحاسـب كـأي شخص آخر أعطى المخدر للمرأة ؟					
3-	هل يكون الناس أحسـن حـالاً إذا لم يتـدخل المجتمع بحياتهم وموتهم ؟					
4-	هـل يسـتطيع الطبيـب أن يجعـل مـوت أم سليمان يبدو وكأنه موت طبيعي؟					
5-	هـل يحـق للدولـة أن تفـرض عـلى الـذين لا يرغبون في العيش حق الاستمرار في العيش ؟					
6-	هل للموت قيمـة إذا كـان المجتمـع لا يمنع ذلك ؟					
7-	هل يتعاطف الطبيب مع أم سليمان بسبب المرض الذي تعاني منـه أم يهتم بمـا سيقوله المجتمع ؟					
8-	هل تعتبر المساعدة في إنهاء حياة الإنسان؟					
9-	أليس اللـه وحـده يقرر متـى تنتهـي حيـاة الإنسان ؟					

-10	هل هنـاك مبـادئ وضـعها الطبيـب لنفسـه بحيث تحدد طريقة تعامله مع الناس ؟					
-11	هـل للمجتمـع الحـق في السـماح للأفـراد بالموت عندما يريدون ذلك؟					
-12	هل للمجتمع الحق في السماح بالانتحـار أو قتل الرحمة مـع الحفـاظ عـلى حيـاة الـذين يريدون العيش مصانة ؟					

قتل الرحمة: هو قتل المريض الذي لا يمكن شفاؤه وذلك لإراحته من آلامه.

اختر السؤال الأكثر أهمية من بين الأسئلة السابقة، ثم ضع الذي من حيث الأهمية تحته وهكذا أي المطلوب منك اختيار أهم أربعة أسئلة وترتيبها تنازلياً حسب أهميتها.

1- السؤال الأكثـــر أهمية ....

2- السؤال الثانــي بالأهمية ....

3- السؤال الثالث بالأهمية ....

4- السؤال الرابع بالأهمية ....

الموقف الثالث:السجين الهارب

لقد حُكم على نبيل بالسجن لمدة عشر سنوات وبعد عام من دخوله السجن هرب وذهب إلى بلدة ثانية وغير أسمه باسم حاتم وبدأ يعمل بجد ونشاط وبعد ثماني سنوات من العمل استطاع حاتم أن يوفر مبلغاً من النقود فكر حاتم في أن يبني مصنعاً بالنقود التي عنده وقد تم بناء المصنع، كان حاتم لطيفاً مع الزبائن الذين يشترون

البضاعة من مصنعه كذلك مع العمال الذين يعملون عنده وكان يعطيهم أجور عالية، كما كان يتصدق بجزء من إرباحه على الفقراء، وفي أحد الأيام وبينما كان حاتم يريد الدخول إلى مصنعه رآه سامي وهو أحد جيرانه القدامى فعرف أنه نبيل الذي هرب من السجن قبل ثماني سنوات والذي ما زالت الشرطة تبحث عنه حتى الآن.

هل يجب على سامي أن يسلم حاتم إلى الشرطة كي يوضع في السجن مرة ثانية ؟

1- يجب أن يسلمه.

2- لا أستطيع أن أقرر.

3- يجب أن يسلمه.

لديك عدد من الأسئلة حدد درجة لكل سؤال حسب أهمية في اتخاذ قرار سرقة الدواء أو عدم سرقته. وذلك بوضع إشارة (✖) في المربع المناسب.

الرقم	الأسئلة	عظيم الأهمية	كثير الأهمية	ذو أهمية متوسطة	قليل الأهمية	عديم الأهمية
1-	هل من الممكن أن يكون حاتم قد أصبح إنساناً صالحاً خلال هذه المدة؟					
2-	هل هروب الشخص من عقوبة جريمة كان قد قام بها)ارتكبها (يشجع الأجرام ؟					
3-	هل يعيش الإنسان بأمان بدون سجون وقوانين ؟					
4-	هل قام حاتم بواجبه نحو المجتمع الذي يعيش فيه ؟					

-5	هل يكون المجتمع قد خيب توقعـات حـاتم إذا سلمه إلى الشرطة ؟						
-6	هل من المفيد أن تكون السـجون جـزءا مـن المجتمع وبخاصة لرجل متصدق ؟						
-7	هل يكون الإنسان قاسياً وبلا قلب إذا أرسـل حاتم إلى السجن ؟						
-8	هل يكون هناك عدل إذا أطلـق سراح حـاتم ولم يسجن، علـما بـأن هنـاك سـجناء امضـوا مدة الحكم كاملة ؟						
-9	هل سامي صديق لحاتم ؟						
-10	هل من الواجب على المجتمع تسليم المجـرم الهارب من السجن إلى الشرطة حتى ولو كان إنسانا طيباً ؟						
-11	هل هناك طريقة يمكـن مـن خلالهـا احـترام حقوق الشعب ومصلحته ؟						
-12	هل الـذهاب إلى السـجن فيـه الخـير لحـاتم وهل الذهاب إلى السجن يحمي إنسانا آخـر ؟						

اختر السؤال الأكثر أهمية من بين الأسئلة السابقة، ثم ضع الذي من حيث الأهمية تحته وهكذا أي المطلوب منك اختيار أهم أربعة أسئلة وترتيبها تنازلياً حسب أهميتها.

1- السؤال الأكثــر أهمية ....

2- السؤال الثانـي بالأهمية ....

3- السؤال الثالث بالأهمية ....

4- السؤال الرابع بالأهمية ....

الموقف الرابع: مطالب التلاميذ

طالب أعضاء إحدى الجمعيات الطلابية في إحدى الجامعات بإعفاء الطلاب الفقراء من بعض الرسوم الجامعية، لأنهم يعتقدون أن الطلاب الفقراء لا يستعطون دفع هذه الرسوم. توجه لطلاب إلى رئيس الجامعة لكي يحصلوا على موافقته إلا أن رئيس الجامعة رفض الموافقة على طلبهم.شعر أعضاء الجمعية أن الرئيس غير مهتم بمطلبهم ولا تهمه مصلحة الطلاب مما دفعهم إلى التوقف عن حضور المحاضرات حتى يحصلوا على مطلبهم.

هل من حق الطلاب التوقف عن حضور المحاضرات ؟ اختر احد الأجوبة التالية:

1- نعم يجب أن يتوقفوا عن حضور المحاضرات.

2- لا أستطيع أن أقرر.

3- لا يجوز لهم أن يتوقفوا عن حضور المحاضرات.

لديك عدد من الأسئلة حدد درجة لكل سؤال حسب أهمية في اتخاذ قرار سرقة الدواء أو عدم سرقته. وذلك بوضع إشارة (✖) في المربع المناسب.

الرقم	الأسئلة	عظيم الأهمية	كثير الأهمية	ذو أهمية متوسطة	قليل الأهمية	عديم الأهمية
-1	هل عـدم حضـور الطـلاب للمحـاضرات كـان حباً بالطلاب الفقراء أم حباً في إثارة المشـاكل في الجامعة ؟					
-2	هـل توقـع الطـلاب أن يتعرضـوا إلى عقوبـة الطرد من الجامعة بسبب عملهم وهـو عـدم حضور المحاضرات ؟					
-3	هل يملـك الطـلاب الحـق في حضـور أو عـدم حضور المحاضرات ؟					
-4	هل عدم حضـور الطـلاب المحـاضرات بنفـع عدداً من الطلاب الجدد في المستقبل؟					
-5	هل يكون رئيس الجامعة قـد التـزم بالقـانون إذا تجاهل مطالب الطلاب ؟					
-6	هل عدم حضور الطلاب المحاضرات يغضـب أهـالي الطـلاب ويـدفع النـاس إلى وصـف الطلاب بأوصاف سيئة ؟					
-7	هل مـن العـدل أن تكـون الرسـوم الجامعيـة موحدة لكل الطلاب ؟					
-8	هـل التسـامح مـع طالـب مـا لم يحضرـ المحـاضرات يشـجع عـددا مـن الطـلاب عـلى عدم حضور المحاضرات ؟					

الرقم	الأسئلة	عظيم الأهمية	كثير الأهمية	ذو أهمية متوسطة	قليل الأهمية	عديم الأهمية
-9	هل رئيس الجامعة وضع نفسه في موقف لم يفهمه الطلاب، بسبب عدم تلبية مطلبهم ؟					
-10	هل يجب أن يكون تنفيذ الأمور في الجامعة بيد عدد قليل من الموظفين أم بيد أفراد المجتمع كله؟					
-11	هل يرى الطلاب أن عملهم وهو) عدم حضور المحاضرات (يتفق مع القانون ؟					
-12	هل يجب على الطلاب احترام قرارات الجامعة أم لا ؟					

اختر السؤال الأكثر أهمية من بين الأسئلة السابقة، ثم ضع الذي من حيث الأهمية تحته وهكذا أي المطلوب منك اختيار أهم أربعة أسئلة وترتيبها تنازلياً حسب أهميتها.

1- السؤال الأكثر أهمية ....

2- السؤال الثاني بالأهمية ....

3- السؤال الثالث بالأهمية ....

4- السؤال الرابع بالأهمية ....

الموقف الخامس: سمير وجون " وبستر "

عند سمير محل تجاري كبير، فأراد أن يستأجر موظفا كي يساعده في محله التجاري. بحث سمير عن موظف جيد يملك خبرة في العمل، فلم يجد إلا "جون" أجنبيا. كان الزبائن الذين يشترون من محل سمير يكرهون الأجانب، ومع أن سمير لا يكره جون إلا أنه خاف إذا وظفه عنده أن يفقد الزبائن.

ماذا على سمير أن يفعل ؟ اختر أحد الأجوبة التالية:

1- يجب أن يوظف جون.

2- لا استطيع أن أقرر.

3- يجب أن لا يوظف جون.

لديك عدد من الأسئلة حدد درجة لكل سؤال حسب أهمية في اتخاذ قرار سرقة الدواء أو عدم سرقته. وذلك بوضع إشارة (✖) في المربع المناسب.

الرقم	الأسئلة	عظيم الأهمية	كثير الأهمية	ذو أهمية متوسطة	قليل الأهمية	عديم الأهمية
1-	هل لصاحب العمل الحق في اتخاذ القرار الخاص بعمله أم لا ؟					
2-	هل هناك قانون يمنع التميز بين الناس في التوظيف ؟					
3-	هل كان سمير يكره الأجانب أم أنه رفض توظيف جون لسبب أخر ؟					
4-	هل الأفضل لسمير. توظيف موظف يعرف بالعمل أم الاهتمام برغبات زبائنه؟					

الرقم	الأسئلة	عظيم الأهمية	كثير الأهمية	ذو أهمية متوسطة	قليل الأهمية	عديم الأهمية
5-	هل هناك فروق مناسبة بـين النـاس لتوزيـع الوظائف عليهم في المجتمع ؟					
6-	هل كان الناس في المجتمع يكرهون الأجانـب أم أنهم لا يميزوا بين العربي والأجنبي؟					
7-	هـل توظيـف النـاس المـؤهلين (أي الـذين يعرفون العمل) مثل جون يشجع الإنتاج؟					
8-	هل رفض توظيف جـون يتفـق مـع الأخـلاق التي يؤمن بها سمير؟					
9-	هل يجب أن يكون سمير قاسي القلب لدرجة رفض توظيف جون مع أنه بحاجة له؟					
10-	هل الـديانات السماوية التـي تنـادي بحب الإنسان لأخيه تتفق مع هـذه الحالـة (وهـي عدم توظيف جون؟)					
11-	هل يجب مسـاعدة الشخص المحتـاج دون أن نستفيد منه؟					
12-	هل يجب القضاء على النظـام الاقتصادي غـير العادل؟					

اختر السؤال الأكثر أهمية من بين الأسئلة السابقة، ثم ضع الذي من حيث الأهمية تحته وهكذا أي المطلوب منك اختيار أهم أربعة أسئلة وترتيبها تنازلياً حسب أهميتها.

1-   السؤال الأكثـر أهمية ....

2-   السؤال الثاني بالأهمية ....

3-   السؤال الثالث بالأهمية ....

4-   السؤال الرابع بالأهمية ....

الموقف السادس: المجلة

قرر أحمد أن يصدر مجلة حائط لطلاب مدرسته يشرح فيها بعض المشكلات العلمية والاجتماعية والمدرسية، ذهب أحمد إلى مدير المدرسة وطلب منه السماح له بذلك، فوافق المدير على طلبه. نشر أحمد عددين من المجلة فنالت إعجاب الطلاب، لأنهم وجدوا فيها مكانا للتعبير عن أرائهم المعارضة لأساليب تطبيق الانضباط المدرسي فغضب أباء الطلاب من مجلة حمد لأنها تعلمهم عدم الطاعة، وذهبوا للمدير وقالوا له أن هذه المجلة غير مناسبة ولا يجوز نشرها ونتيجة للاحتجاجات التي قام بها الطلاب، أمر المدير بإيقاف نشر المجلة مدعي بأن نشاطات أحمد تعوق العملية التعليمية.

هل يجب أن يوقف المدير المجلة ؟ اختر أحد الإجابات التالية:

1-   يجب أن يوقفها.

2-   لا استطيع أن أقرر.

3-   يجب أن لا يوقفها.

لديك عدد من الأسئلة حدد درجة لكل سؤال حسب أهمية في اتخاذ قرار سرقة الدواء أو عدم سرقته. وذلك بوضع إشارة (✖) في المربع المناسب.

الرقم	الأسئلة	عظيم الأهمية	كثير الأهمية	ذو أهمية متوسطة	قليل الأهمية	عديم الأهمية
1-	هل يكون المدير أكثر مسؤولية أمام الطلب أم أمام أباء الطلاب ؟					
2-	هل المدير وافق على طباعة المجلة لمدة طويلة أم لنسخة واحده؟					
3-	هل يجب على الطلاب أن يعترضوا إذا أوقف لمدير طباعة المجلة ؟					
4-	هل يملك المدير الحق في فرض سيطرته على الطلاب عندما تتعرض مصلحة المدرسة للخطر؟					
5-	هل للمدير الحق أن يقول لا في مثل هذه الحالة ؟					
6-	هل بإيقاف المجلة يتمكن المدير من إيقاف المناقشات في المسائل الهامة ؟					
7-	هل يفقد أحمد ثقته بالمدير نتيجة لاتخاذ قرار إيقاف نشر المجلة ؟					
8-	هل صحيح أن أحمد مخلص لمدرسته متحمس لأبناء وطنه ؟					
9-	هل إيقاف نشر المجلة يؤثر في طريقة تفكير الطلاب ؟					

196

الرقم	الأسئلة	عظيم الأهمية	كثير الأهمية	ذو أهمية متوسطة	قليل الأهمية	عديم الأهمية
-10	هـل يكـون أحمـد أنانيـا إذا نشرـ لأفكـاره الخاصة ؟					
-11	هل يجوز للمدير أن يتأثر ببعض الطلاب الغاضبين مع أنه يعرف ما يجري في المدرسة ؟					
-12	هل استعمل أحمد المجلة لإثارة الكراهية والبغضاء ؟					

اختر السؤال الأكثر أهمية من بين الأسئلة السابقة، ثم ضع الذي من حيث الأهمية تحته وهكذا أي المطلوب منك اختيار أهم أربعة أسئلة وترتيبها تنازلياً حسب أهميتها

1- السؤال الأكثـر أهمية ....

2- السؤال الثانـي بالأهمية ....

3- السؤال الثالث بالأهمية ....

4- السؤال الرابع بالأهمية ....

مفتاح الإجابة لتصحيح اختبار تحديد القضايا

السؤال/ القصة	محمود والدواء	مشكلة الطبيب	السجين الهارب	مطالب التلاميذ	سمير وجون	المجلة
1	4	3	3	3	4	4
2	3	4	4	4	4	4
3	2	2	A	A	3	2
4	M	A5	4	2	2	4
5	3	A5	6	A5	6	M
6	4	3	M	M	A	A5
7	M	6	3	3	A5	3
8	6	4	4	6	A5	3
9	A	3	3	4	B5	B5
10	A5	A	4	B5	3	A5
11	3	B5	A5	4	4	4
12	A5	4	A5	A5	3	3

تاسعا: اختبار ملامح الشخصية

الدكتور فيل

الدكتور فِيل حقق 53 نقطة حين أجاب بنفسه على الاختبار.

يتضمن هذا الاختبار عشرة أسئلة.. وهو اختبار سريع يوضح عدداً من ملامح الشخصية.. ويمكن الاستفادة منه للتعرف على نقاط هامة في شخصية الفرد ولاسيما نظرة الآخرين إليه.

السؤال الأول: متى تكون في أحسن أحوالك ؟

1. في الصباح.

2. خلال فترة بعد الظهر إلى بداية المساء.

3. ليلاً.

السؤال الثاني: تمشي عادة:

1- سرعة نسبياً وبخطوات واسعة.

2- بسرعة نسبياً وبخطوات صغيرة.

3- أقل سرعة ورأسك مرفوع تنظر إلى ما حولك مواجهة.

4- أقل سرعة ورأسك منخفض.

5- ببطء شديد.

السؤال الثالث: عندما تتكلم مع الآخرين تكون:

1- ذراعاك مكتفتين.

2- يداك متشابكتين.

3- يدك أو يداك على خصرك.

4- تلمس أو تدفع الشخص الذي تكلمه.

5- تلعب بإذنك أو تلمس ذقنك أو ترتب شعرك.

السؤال الرابع: عندما تسترخي تكون:

1- الركبتان مثنية والساقان جنباً إلى جنب بشكل مرتب.

2- الساقان متصالبتين (رجل فوق الأخرى.

3- الساقان ممتدتين أو بشكل مستقيم.

4- إحدى الرجلين مثنية تحتك.

السؤال الخامس: عندما يمتعك حقاً شيء ما:

1- تضحك ضحكة تقديرية عالية (صاخبة).

2- تضحك ولكن ضحكة غير عالية.

3- ضحكة خافتة.

4- ابتسامة خفيفة.

السؤال السادس: عندما تذهب إلى حفلة أو اجتماع:

1- يكون دخولك واضحاً حيث يلاحظك الجميع.

2- يكون دخولك هادئاً وتبحث عن أحد تعرفه.

3- يكون دخولك هادئاً جداً محاولاً أن لا يلاحظك أحد.

السؤال السابع: إذا كنت تعمل بجد وتركيزك كله فيما تعمله وجرت مقاطعتك:

1- ترحب بالاستراحة.

2- تشعر بالغضب الشديد.

3- تتنوع حالتك بين هذين الردين الحادين.

السؤال الثامن: ما هو اللون الأكثر تفضيلاً لديك من الألوان التالية:

1- الأحمر أو البرتقالي.

2- الأسود.

3- الأصفر أو الأزرق الفاتح.

4- لأزرق الغامق أو البنفسجي.

5- الأبيض.

6- البني أو الرمادي.

السؤال التاسع: في الليل في اللحظات قبل النوم:

1- تستلقي على ظهرك وجسمك متمدد.

2- تستلقي على بطنك.

3- تستلقي على الجانب وجسمك مثني قليلاً.

4- ستلقي ورأسك مغطى بغطاء السرير.

السؤال العاشر: كثيراً ما تحلم:

1- بأنك تسقط.

2- بأنك تقاوم وتكافح.

3- بأنك تبحث عن شيء أو شخص.

4- بأنك تطير أو تطفو.

5- لا يوجد أحلام في نومك عادة.

6- أحلامك دائماً ممتعة.

تصحيح المقياس:

النقاط	1	2	3	4	5	6	7
السؤال الأول	2	4	6				
السؤال الثاني	6	4	7	2	1		
السؤال الثالث	4	2	5	7	6		
السؤال الرابع	4	6	2	1			
السؤال الخامس	6	4	3	5	2		
السؤال السادس	6	4	2				
السؤال السابع	6	2	4				
السؤال الثامن	6	7	5	4	3	2	1
السؤال التاسع	7	6	4	2	1		
السؤال العاشر	4	2	3	5	6	1	

تفسير النتيجة:

المجموع	التفسير
أكثر من (60) نقطة	- ينظر إليك الآخرون كشخص يجب التعامل معه بحذر. - ينظر إليك كشخص مغرور، أناني، ومسيطر جداً. - ربما يعجب بك الآخرون ويتمنون أن يكونوا مثلك، ولكن لا يثقون بـك دائمـاً، ويترددون في تكوين علاقة عميقة معك
من (51-60) نقطة	- الآخرون ينظرون إليك كشخص مثير ومتغير واندفاعي نوعاً ما. - شخصية قيادية بطبعها،تتخذ قرارات بسرعة، ليست كلها صائبة دائماً. - ينظر إليك الآخرون كشخص جريء،مغامر،يجرب نفسه في عـدة أمـور ويقبـل المخاطرة ويستمتع بها. - يستمتع الآخرون بوجودك معهم وبصحبتهم بسبب الإثـارة التـي تشـعها إلى من حولك
من (41-50) نقطة	- ينظر إليك الآخرون كشخص عذب،نشيط،فاتن،مسلي،عملي،وممتع دائماً. - يتمركز الانتباه والاهتمام عليه باسـتمرار ولكنـه كثـير التـوازن بشـكل يجعلـه متحفظ. - لطيف، متفهم، يحترم الآخرين، يسعدهم و يساعدهم
من (31-40) نقطة	- ينظر إليك الآخرون كشخص حساس، دقيق، حذر، عملي. - ذكي، موهوب، ولكن معتدل.

المجموع	التفسير
	- لا يستطيع بناء علاقات اجتماعية بسرعة أو سهولة، ولكنه مخلص لأصدقائه ويتطلب منهم المعاملة بالمثل. - من يعرفك جيداً يعرف أنه لا يسهل تشكيك ثقتك بأصدقائك ولكنك تحتاج إلى وقت طويل كي تنسى خيانة أحدهم لك
من (21-30) نقطة	- الآخرون ينظرون إليك كشخص مزعج وصعب الإرضاء. - شديد الحذر وشديد الدقة، يمشي ببطء شديد. - لا تقوم بأي عمل بشكل اندفاعي أو وفقاً للحظة الحاضرة ويتوقع الآخرون أن تتفحص كل شيء من جميع الزوايا قبل أن ترد عليه، وهم يعزون ذلك جزئياً إلى طبيعتك الحذرة
أقل من (21) نقطة	- ينظر إليك الآخرين كشخص خجول، قلق، لا يستطيع اتخاذ القرارات،يحتاج إلى من يرعاه،يحتاج دائماً إلى من يتخذ له القرارات،لا يريد أن يتدخل في أي شيء أو أي شخص. - ينظر إليك الآخرون كشخص قلق دائماً يرى المشكلات مع أنها غير موجودة. - بعض الأشخاص يعتقد أنك ممل، ولكن الذين يعرفونك جيداً لا يعتقدون ذلك

مقاييس اجتماعية

أولاً: مقياس احتياجات أولياء أمور المعاقين

يفيد هذا المقياس المرشد في تحديد حاجات أولياء أمور الطلبة المعاقين من أجل تقديم الخدمة المناسبة لهم، وتوجيههم لكيفية الاستفادة من الخدمات المقدمة لهم، ومن خلاله يتم التواصل مع أولياء أمور الطلبة الذين لديهم أبناء لديهم حاجات خاصة.

تعليمات الإجابة على المقياس:

يحتاج أولياء أمور الأطفال المعاقين لكثير من أشكال الدعم المادية والاجتماعية والمعرفية لتساعدهم على مواجهة مشكلات ومتطلبات التعامل مع أطفالهم المعاقين، ومواجهة ما يترتب على الإعاقة من ضغط وتوتر، ستجد فيما يلي مجموعة من العبارات التي تتضمن تلك الاحتياجات، أقرأ كل عبارة من تلك العبارات ثم قرر مدى أهميتها بالنسبة لك (ومدى حاجتك لها) قم بوضع إشارة (صح) في الربع الذي يعبر عن مدى أهمية ذلك لديك، لاحظ أن كل استجابة تعبر عن مدى أهمية ما تتضمنه العبارة بالنسبة لك.

فإذا كنت ترى بأن ما تتضمنه العبارة غير مهم على الإطلاق ضع الإشارة في المربع الأول، وإذا كنت ترى بأن ما تتضمنه العبارة ذا أهمية قليلة ضع الإشارة في المربع الثاني، وإذا كنت ترى بأن ما تتضمنه العبارة ذا أهمية متوسطة ضع الإشارة في المربع الثالث، إما إذا كنت ترى بأن ما تتضمنه العبارة ذا أهمية كبيرة ضع الإشارة في المربع الرابع، فإذا كنت ترى بأن ما تتضمنه العبارة ذا أهمية كبيرة جدا ضع الإشارة في المربع الخامس.

لاحظ كذلك أنه لا توجد إجابات صحيحة أو خاطئة وانه يتوجب عليك الإجابة على جميع العبارات وتحديد أهمية ما تتضمنه بالنسبة لك. ويمكن تقسيم الاحتياجات التي يحتاجها أولياء الأمور إلى: احتياجات معرفية، الدعم المالي، الدعم المجتمعي، الدعم الاجتماعي، وبالإضافة إلى الدرجة الكلية.

مقياس احتياجات أولياء أمور المعاقين:

الرقم	العبارة	غير مهم مطلقا	مهم بدرجة قليلة	مهم بدرجة متوسطة	مهم كثيرا	مهم جدا
1-	توافر المعلومات حول الخدمات المتاحة للمعاقين في المجتمع	0	1	2	3	4
2-	توفير برامج إرشادية حول خصائص الأطفال المعاقين واحتياجاتهم	0	1	2	3	4
3-	أتابع التحقيقات الصحفية والتقارير المتعلقة بالإعاقة في الصحف اليومية	0	1	2	3	4
4-	توفير معلومات حول المتخصصين في مجال رعاية المعاقين	0	1	2	3	4
5-	معرفة أساليب مواجهة السلوكيات غير العادية للطفل المعاق	0	1	2	3	4
6-	معرفة دور أولياء الأمور في برامج التربية الخاصة للأطفال المعاقين	0	1	2	3	4

الرقم	العبارة	غير مهم مطلقا	مهم بدرجة قليلة	مهم بدرجة متوسطة	مهم كثيرا	مهم جدا
7-	توفير معلومات حول كيفية التعرف المبكر على الأطفال المعاقين	0	1	2	3	4
8-	توفير برامج تدريبية يمكن تطبيقها مع الطفل المعاق في الأسرة	0	1	2	3	4
9-	معرفة كيفية التعامل مع الطفل المعاق	0	1	2	3	4
10-	دراسة مقررات متخصصة حول الإعاقة	0	1	2	3	4
11-	توفير كتيبات ونشرات موجزة حول الإعاقة، بأسلوب يناسب أولياء الأمور	0	1	2	3	4
12-	توفير الوسائل والألعاب التعليمية المناسبة للأطفال المعاقين	0	1	2	3	4
13-	تخصيص بعض المميزات لأسر المعاقين من مثل المواصلات العامة أو الهاتف أو الكهرباء	0	1	2	3	4
14-	توفير العلاج الطبي المناسب لأفراد الأسرة عامة والمعاقين منهم خاصة	0	1	2	3	4

-15	توفير وسائل الترفية المناسبة للأطفال المعاقين وأسرهم	0	1	2	3	4
-16	توفير الدعم المالي المناسب لمواجهة احتياجات الطفل المعاق	0	1	2	3	4
-17	وجود نظام الأسرة الممتدة (الزوج والزوجة مع العائلة الأصلية)	0	1	2	3	4
-18	وجود استشاري متخصص في مجال الإعاقة يسهل الاتصال به وقت الحاجة	0	1	2	3	4
-19	وجود برامج دينية تقدم عبر وسائل الإعلام باستمرار لمساعدة أسر المعاقين على تخطي أزماتها	0	1	2	3	4
-20	توفير برامج إرشادية لمختلف أفراد المجتمع حول كيفية التعامل مع أسر المعاقين	0	1	2	3	4
-21	وجود جمعيات معينة يمكن أن يلجأ إليها أولياء الأمور للاستفسار عن أي شيء يخص أبنهم المعاق	0	1	2	3	4
-22	وجود أقارب يساعدون الأسرة في رعاية طفلها المعاق	0	1	2	3	4

-23	وجـود أصـدقاء مخلصـين يمكـن أن يلجـأ إلـيهم ولي الأمـر للمشـورة والنصح حـول كيفية التعامل مع الطفل المعاق	0	1	2	3	4
-24	إتاحــة الفرصــة للالتقــاء بـأسر المعــاقين لتبادل المشورة والنصح والخبرات	0	1	2	3	4

(السرطاوي، 1998)

تصحيح وتفسير المقياس:

يتكون المقياس من (24) فقرة وأربعة أبعاد والأبعاد هي:

1- الاحتياجات المعرفية، وتقيسه الفقرات: 3، 4، 7، 8، 10، 11، 12، 19، 20.

2- الدعم المالي، وتقيسه الفقرات: 13، 14، 15، 16.

3- الدعم المجتمعي، وتقيسه الفقرات: 1،2، 5، 6، 17، 21.

4- الدعم الاجتماعي، وتقيسه الفقرات: 9، 18، 22، 23، 24.

وتتراوح العلامة الكلية بين (0-96) وبالتالي إذا كانت العلامة فوق الوسط وهو (48) دل ذلك على وجود حاجات لدى أولياء أمور المعاقين.

ثانياً: مقياس السلوك الاجتماعي المدرسي

من خلال هذا المقياس يتم التعرف على السلوكيات الاجتماعية واللاجتماعية التي يقوم بها الطلبة في المدرسة من خلال الأبعاد الاجتماعية: المهارات الاجتماعية، ضبط الذات، المهارات الأكاديمية، والأبعاد غير الاجتماعية وهي: الغضب، العدوانية، كثرة الطلبات.

أخي المعلم /أختي المعلمة: لدى قيامك بعملية تقييم الطالب على المقياسين ضع دائرة حول الدرجة: (1) إذا كان الطالب لا يظهر سلوكا محددا أو إذا لم تتح لك الفرصة لملاحظ ذلك السلوك، و (2، أو 3، أو 4) إذا كان الطالب يظهر السلوك بين الحين والآخر اعتمادا على مدى استمرارية هذا السلوك، و(5) إذا كان الطالب يظهر سلوكا محددا.

ملاحظة: الرجاء القيام بإكمال كافة البنود في المقياسين وعدم وضع الدوائر ما بين الأرقام.

المقياس (1)

الرقم	الكفاية الاجتماعية	أبداً	نادراً	أحياناً	غالباً	دائماً
1-	يتعاون مع الطلبة الآخرين في مواقف متنوعة	1	2	3	4	5
2-	انتقاله من نشاط إلى نشاط صفي آخر يكون بشكل سلمي وملائم	1	2	3	4	5
3-	يكمل العمل الفردي المطلوب منه في غرفة الصف وبدون حث	1	2	3	4	5

5	4	3	2	1	يقـدم المسـاعدة للطلبـة الآخـرين عنـدما يحتاجون إليها	4-
5	4	3	2	1	يشـارك بفاعليــة في المناقشـات الجماعيـة والنشاطات	5-
5	4	3	2	1	يفهم مشاكل واحتياجات الطلبة الآخرين	6-
5	4	3	2	1	يحافظ على هدوءه عند ظهور المشاكل	7-
5	4	3	2	1	يصغي وينفذ توجيهات المعلم	8-
5	4	3	2	1	يدعو الطلبة الآخرين للمشاركة في النشاطات	9-
5	4	3	2	1	يطلب توضيحا للتعليمات بطريقة مناسبة	10-
5	4	3	2	1	يمتلك مهارات أو قدرات تنال إعجاب رفاقه	11-
5	4	3	2	1	يتقبل الطلبة الآخرين	12-
5	4	3	2	1	يعتمد على نفسـه في إنجاز الواجبـات والمهـام الأخرى المطلوبة منه	13-
5	4	3	2	1	ينهي النشاطات المطلوبة منه في الوقت المحدد	14-
5	4	3	2	1	يتفاهم مع رفاقه إذا استدعي الأمر ذلك	15-
5	4	3	2	1	يلتزم بقوانين الصف	16-

5	4	3	2	1	يتصرف بلباقة في المواقف المدرسية المختلفة	17-
5	4	3	2	1	يطلب المساعدة بشكل ملائم عند الحاجة إليها	18-
5	4	3	2	1	يتفاعل مع نوعيات مختلفة من الرفاق	19-
5	4	3	2	1	ينتج عملا ذا نوعية مقبولة ومتلائمة مع مستوى قدرته	20-
5	4	3	2	1	بارع أن يبادر وينضم للمناقشات مع الرفاق	21-
5	4	3	2	1	يراعي مشاعر الطلبة الآخرين	22-
5	4	3	2	1	يستجيب بشكل ملائم عندما يصحح من قبل المعلم	23-
5	4	3	2	1	يضبط أعصابه عندما يغضب	24-
5	4	3	2	1	يدخل بطريقة ملائمة مع رفاقه في النشاطات الجارية	25-
5	4	3	2	1	لديهم مهارات قيادية جيدة	26-
5	4	3	2	1	يتكيف مع التوقعات السلوكية المختلفة عبر المواقف المدرسية	27-
5	4	3	2	1	يمدح مساهمات أو انجازات الآخرين	28-

5	4	3	2	1	يكون حازما بقدر ملائم عندما يحتاج الموقف منه إلى ذلك	29-
5	4	3	2	1	يبحث عنه الرفاق للمشاركة في النشاطات	30-
5	4	3	2	1	يظهر قدر من التحكم بالذات أو ضبط الذات	31-
5	4	3	2	1	ينظر إليه الرفاق باحترام	32-

المقياس (ب)

دائماً	غالباً	أحياناً	نادراً	أبداً	السلوك اللااجتماعي	الرقم
5	4	3	2	1	يلوم الطلبة الآخرين على المشاكل التي تحدث	1-
5	4	3	2	1	يأخذ أشياء ليست له	2-
5	4	3	2	1	يتحدى المعلم أو العاملين في المدرسة	3-
5	4	3	2	1	يغش في الدراسة أو في اللعب	4-
5	4	3	2	1	يقحم نفسه في الشجار	5-
5	4	3	2	1	يكـذب عـلى المعلـم أو العـاملين الآخـرين في المدرسة	6-
5	4	3	2	1	يضايق الطلبة الآخرين ويسخر منهم	7-

الرقم	السلوك اللااجتماعي	أبداً	نادراً	أحياناً	غالباً	دائماً
8-	وقح أو قليل الاحترام للآخرين	1	2	3	4	5
9-	يستثار بسهولة أو من السهل نرفزته	1	2	3	4	5
10-	يتجاهل المعلم أو العاملين في المدرسة	1	2	3	4	5
11-	يتصرف كأنه أفضل من الآخرين	1	2	3	4	5
12-	يخرب ويتلف ممتلكات المدرسة	1	2	3	4	5
13-	لا يشارك الطلبة الآخرين	1	2	3	4	5
14-	عصبي المزاج أو سريع الهيجان	1	2	3	4	5
15-	يتجاهل مشاعر وحاجات الطلبة الآخرين	1	2	3	4	5
16-	يلح في جذب انتباه المعلم	1	2	3	4	5
17-	يهدد الطلبة الآخرين ويقوم بالعدوان لفظيا	1	2	3	4	5
18-	يشتم أو يستخدم ألفاظا نابية	1	2	3	4	5
19-	يعتدي على الآخرين جسديا	1	2	3	4	5
20-	يهين رفاقه	1	2	3	4	5
21-	كثير التذمر والشكوى	1	2	3	4	5
22-	يتجادل ويتشاجر مع رفاقه	1	2	3	4	5
23-	يصعب السيطرة عليه	1	2	3	4	5
24-	يضايق الطلبة الآخرين ويزعجهم	1	2	3	4	5

دائماً	غالباً	أحياناً	نادراً	أبداً	السلوك اللااجتماعي	الرقم
5	4	3	2	1	يوقع نفسه في المشاكل في المدرسة	25-
5	4	3	2	1	يعطل النشاطات التي يجري تنفيذها	26-
5	4	3	2	1	متبجح ومتفاخر	27-
5	4	3	2	1	يصعب الاعتماد عليه	28-
5	4	3	2	1	قاسي مع الطلبة الآخرين	29-
5	4	3	2	1	يتصرف باندفاع وتهور دون تفكير	30-
5	4	3	2	1	غير منتج وتحصيله ضئيل	31-
5	4	3	2	1	يتضايق ويثور بسهولة	32-
5	4	3	2	1	يطلب المساعدة من الطلبة الآخرين بإلحاح	33-

طريقة التصحيح وتفسير النتائج:

عدد فقرات المقياس هي 65 فقرة، الأوزان: لا تحدث أبدا (1)، تحدث نادراً (2)، تحدث أحياناً (3)، تحدث غالباً (4) تحدث دائماً (5).

احتوى المقياس على مقياسين منفصلين وهما: الكفاية الاجتماعية والسلوك اللاإجتماعي.

أولاً: مقياس سلوك الكفاية الاجتماعية:

ويتألف من 32 فقرة تقيس السلوكيات الاجتماعية التكيفية الإيجابية التي تؤدي إلى نتائج إيجابية، ويتألف المقياس من ثلاث مقاييس فرعية هي:

1- المهارات الاجتماعية الشخصية: يتكون من 16 فقرة تقيس المهارات الاجتماعية المهمة لإقامة علاقات إيجابية مع الرفاق والحصول على تقبلهم ويتضمن الفقرات ذات الأرقام: 4-5-6-9-11-12-18-19-21-22-25-26-28-29-30-32

2- مهارات ضبط الذات: ويتكون من 9 فقرات تقيس مهارات اجتماعية لها علاقة بالضبط الذاتي والتعاون وإطاعة تعليمات وأنظمة المدرسة، ويتضمن الفقرات ذات الأرقام: 1-7-15-16-17-23-24-27-31

3- المهارات الأكاديمية: ويتكون من 7 فقرات ترتبط بالكفاءة التحصيلية والاهتمام بالمهمات الأكاديمية ويتضمن الفقرات ذات الأرقام: 2-3-8-10-13-14-20

ثانياً: السلوك اللا إجتماعي

يتألف من 33 فقرة تصف مشكلات السلوك اللاإجتماعي والتي تؤدي غالباً إلى نواتج اجتماعية سلبية مثل رفض الرفاق وتوتر العلاقة مع المعلم، ويتألف المقياس من ثلاث مقاييس فرعية وهي:

1- سريع الغضب: ويتكون من 6 فقرة تصف سلوكيات تعكس التمركز حول الذات والإزعاج وتقود إلى رفض الرفاق، ويتضمن الفقرات ذات الأرقام: 9، 14، 21، 23، 30، 32.

2- خرق للأنظمة والتعليمات: يتكون من 6 فقرات تصف سلوكيات فيها خرق واضح لأنظمة وقوانين المدرسة، ويتضمن الفقرات ذات الأرقام: 3، 4، 5،10، 25، 26.

3- عدوان واعتداء أو إيذاء للآخرين، ويتضمن الفقرات ذات الأرقام 1، 2، 6، 7، 8، 11، 12، 13، 15، 17، 18، 19، 20، 22، 24، 27،29.

4- كثير الطلبات والفوضوي: ويتكون من 4 فقرات تعكس سلوكيات تعرقل سير النشاطات التعليمية وتضم كما كبيرا من المطالب غير المناسبة على الآخرين، ويتضمن الفقرات ذات الأرقام: 16-28-31-33

تفسير نتائج المقياس الاجتماعي التالية:

أ- مقياس سلوك الكفاية الاجتماعية:

80% الطالب لديه مهارات اجتماعية عالية

50% الطالب بحاجة إلى تنمية بسيطة

20% الطالب بحاجة ماسة جدا لإكسابه مهارات اجتماعية

ب- مقياس السلوك اللاإجتماعي:

20% الطالب عادي (سوي)

50% الطالب عادي سوي) لكن تبدو عليه سلوكيات لاجتماعية قد تتطور وهو بحاجة إلى إرشاد

80% الطالب بحاجة إلى معالجة فورية وحثيثة وإلا قد يتحول إلى حدث (داود، 1999).

ثالثاً: مقياس حب الناس

تقنين د. عبد العال عجوة إعداد فيلسينجر (Filsinger,1981)

يبين هذا المقياس مدى توجه الطلبة لحب الناس والاندفاع لإقامة علاقات معهم.

تعليمات:

فيما يلي عدد من العبارات التي تعبر عن طريقة التفكير في بعض الأشياء، والمطلوب منك أن تقرأ كل واحدة منها على مهل وإمعان لتعلن عن رأيك فيها، لاحظ أنه لا توجد إجابات صحيحة وأخرى خاطئة لأية عبارة، وإنما تكون إجابتك صحيحة إذا كانت تعبر عن رأيك فعلاً.

معارض بشكل تام	معارض	لا أعرف	موافق	موافق بشكل تام	الفقرة	الرقم
5	4	3	2	1	حينما يتكلم معي الناس، أتمنى ألا تطول أحاديثهم	1-
5	4	3	2	1	لست في حاجة لحب الناس	2-
5	4	3	2	1	أحد عيوب الناس الآن أنهم يعتمدون على الآخرين	3-
1	2	3	4	5	أكون في قمة سعادتي حينما أكون مع الناس	4-
5	4	3	2	1	الناس لا يشكلوا عنصراً هاماً في سعادتي الشخصية	5-
1	2	3	4	5	تنمو شخصية الفرد بصورة أفضل من خلال التواجد والتعامل مع الآخرين	6-

-7	سعادتي تكون في البعد عن الناس	1	2	3	4	5
-8	يهمنـي جـدا أن أكـون قـادرا عـلى الانسـجام والتواد مع الآخرين	5	4	3	2	1
-9	أيا مـا كـان أقـوم بـه، فـإني أفضـل أن أعملـه بصحبة الآخرين	5	4	3	2	1
-10	لا يوجد شك في حبي للناس	5	4	3	2	1
-11	تنمو شخصية الفرد بصورة أفضل من خلال عزلته عن الآخرين	1	2	3	4	5
-12	بصفة عامة أنا لا أحب الناس	1	2	3	4	5
-13	ما عدا أصدقائي المقربين، فأنا لا أحب الناس	1	2	3	4	5
-14	ليس لدي الوقت الذي أقضيه مع الناس	1	2	3	4	5
-15	الناس أهم شيء في حياتي.	5	4	3	2	1

(الحسين، 2002)

طريقة التصحيح والتفسير:

المقياس بعد واحد ويتكون من (15) فقرة، وتتراوح العلامة بين (15-75) والمتوسط (45) وكلما ارتفعت العلامة فوق المتوسط دل ذلك على حب الفرد للناس.

رابعاً: مقياس المساندة الاجتماعية

إعداد السمادوني 1997:

يبين هذا المقياس مدى شعور الفرد بتلقي الدعم الاجتماعي والنفسي من الآخرين، سواء من الطلبة أو الأصدقاء أو من الأسرة. يشتمل المقياس على بعدين رئيسيين هما: مساندة أفراد الأسرة، مساندة الزملاء.

لا تنطبق على الإطلاق	تنطبق قليلا	تنطبق أحياناً	تنطبق كثيرا	تنطبق تماما	الفقرة	الرقم
1	2	3	4	5	أشعر أن أصدقائي يقدرونني لشخصي	1-
1	2	3	4	5	يساعدني أفراد أسرتي على إيجاد حلول لمشكلاتي	2-
1	2	3	4	5	لدي على الأقل صديق أستطيع أن أخبره بكل شي على	3-
1	2	3	4	5	يتقبلني أفراد أسرتي بمزاياي وعيوبي	4-
1	2	3	4	5	أعرف تماما أن أسرتي سوف تقف دائماً بجواري	5-
5	4	3	2	1	أشعر بالوحدة حتى عندما أكون مع أصدقائي	6-
1	2	3	4	5	أعتمد على نصائح ومقترحات أصدقائي لتجنب بعض الأخطاء التي قد أقع فيها	7-
1	2	3	4	5	أشعر بارتباط قوي بأفراد أسرتي	8-

لا تنطبق على الإطلاق	تنطبق قليلا	تنطبق أحياناً	تنطبق كثيرا	تنطبق تماما	الفقرة	الرقم
1	2	3	4	5	يشاركني أصدقائي نفس اهتماماتي في الحياة	9-
5	4	3	2	1	لا يشـارك أي فـرد مـن أفراد أسرتي في حـل المشكلات الناجمة عن دراستي	10-
1	2	3	4	5	أشعر بالهدوء والاسترخاء من المواقف المثيرة عندما أكون مع أصدقائي	11-
1	2	3	4	5	أشعر بالراحة مـن وجـود أصـدقائي بجواري عندما أكون في محنة أو موقف صعب	12-
1	2	3	4	5	يشـعرني أفراد أسرتي بـأنهم يؤمنون أنـني شخص جدير بهم	13-
1	2	3	4	5	أجد من الأصدقاء مـن أعتمـد عليـه عنـدما أتعرض لمواقف صعبة	14-
1	2	3	4	5	لا أشعر بأن حريتي مقيدة عندما أكون مـع أفراد أسرتي	15-
1	2	3	4	5	يستمع لي أفراد أسرتي باهتمام عندما أكون في حالة غضب من شخص معين	16-
5	4	3	2	1	لا يثق بي أفراد أسرتي	17-

1	2	3	4	5	من السهل علي أن أجد صديقا ألجأ إليه بسرعة عندما أتعرض لمشكلة مفاجأة	18-
1	2	3	4	5	مهما كانت الظروف فإنني أعلم أنني سأجد العون من أسرتي عندما أحتاج إليهم	19-
1	2	3	4	5	يزيل عني أصدقائي حالة الهم والانقباض الناشئة عن دراستي أو حياتي ككل	20-
1	2	3	4	5	أعرف أن أفراد أسرتي يناصرونني ويساعدونني دائماً	21-
1	2	3	4	5	أتحدث مع أصدقائي بصراحة ودون أي حساسية	22-
1	2	3	4	5	تشعرني أسرتي بأنه ليس لدي الإمكانيات الجيدة التي تساعدني على التعامل مع المواقف الصحيحة	23-
1	2	3	4	5	أشعر بارتباط قوي مع بعض أصدقائي	24-
1	2	3	4	5	أشعر بارتباط قوي مع بعض أفراد أسرتي	25-

222

1	2	3	4	5	أجد مـن يسـاعدني مـن أفـراد أسرتي عنـدما أكون متوترا من كل شي في حياتي	26-
1	2	3	4	5	اعتمد كثيرا على أصدقائي بعد الاعتماد على الله، في الاهـتمام بعـض الأمـور الخاصـة بصرف النظر عما يحدث	27-
1	2	3	4	5	أشعر بالراحـة عنـدما أكون بمفردي بعيدا عن أفراد أسرتي	28-
5	4	3	2	1	لا أحب أن يشاركني أفراد أسرتي في همومي ومشاكلي	29-
5	4	3	2	1	أرى أن مساعدة الأصدقاء للفرد في المواقف الصعبة تعبير عن العجز الشخصي	30-

(الحسين، 2002)

طريقة التصحيح والتفسير:

يتكون المقياس من (30) فقرة تعبر عن المساندة الاجتماعية لدى الفرد من الآخرين، وتتراوح العلامة في المقياس بين (30-150) والمتوسط هو (90) وكلما زادت العلامة عن المتوسط دل ذلك على وجود مساندة اجتماعية من الآخرين لدى الفرد.

خامسا: مقياس المساندة الاجتماعية

إطلاقاً	نادراً	أحياناً	غالباً	دائماً	الفقرة	الرقم
1	2	3	4	5	عندما أحتاج إلى المساعدة أجد أصدقائي من حول (يقفون بجانبي لمساعدتي)	1-
1	2	3	4	5	عندما أكون في مشكلة يمكنني طلب المساعدة من والداي أو أقربائي	2-
5	4	3	2	1	لا اعرف أحداً أثق فيه أشعر أن ثقتي بمن حولي ضعيفة	3-
1	2	3	4	5	يشعرني أصدقائي بأهميتي حتى ولو كانت تصرفاتي خاطئة	4-
1	2	3	4	5	تشعرني أسرتي بالرضا والقوة	5-
5	4	3	2	1	عندما أواجه متاعب لا أبوح (لا احكي) بها لأحد أتكتم عند مواجهتي مشاكل	6-
1	2	3	4	5	أصدقائي لطفاء كويسين (معي بغض النظر عما افعله) أحس أن أصدقائي يعاملونني معاملة طيبة	7-
1	2	3	4	5	منذ صغري أتلقى قدر كبير من مساندة والداي	8-
5	4	3	2	1	كان لدي أصدقاء حميمين أتحدث معهم عن أسراري ولم يعد لدي أصدقاء الآن	9-

الرقم	الفقرة	دائماً	غالباً	أحياناً	نادراً	إطلاقاً
10-	اشعر أنني فقدت أصدقائي الذين كنت احكي لهم أسراري	1	2	3	4	5
11-	عندما أكون في مشكلة أستطيع أن أعتمد على زملائي القريبين مني لمساعدتي	5	4	3	2	1
12-	أشعر بالراحة عندما اطلب المساندة من أسرتي	5	4	3	2	1
13-	أشعر بالوحدة كما لو كان ليس لي احد اعرفه (أشعر بالوحدة وفقدان أصدقائي الذين كنت أعرفهم)	1	2	3	4	5
14-	أشعر أنني محل اهتمام أو موضع اهتمام من زملائي الذين يعيشون بالقرب مني	5	4	3	2	1
15-	طوال حياتي أجد من يساعدني عندما أحتاج إلى المساعدة	5	4	3	2	1
16-	يوجد أفراد الجأ إليهم لمساعدتي عندما اشعر بعدم السعادة أو أواجه متاعب(مشاكل)	5	4	3	2	1
17-	تعاملات زملائي معي تجعلني أشعر بأهميتي	5	4	3	2	1
18-	يساعدني إخوتي وأخواتي عندما أحتاج إلى المساعدة	5	4	3	2	1

-19	أنا غير منتمي(إلى أي جماعات اجتماعية) نشاطات اجتماعية	1	2	3	4	5
-20	أشعر بعدم وجود مساندة حقيقية من زملائي	1	2	3	4	5
-21	أعتقد أن الناس لا يحتاجون إلى بعضهم البعض ويمكنهم الاعتماد على أنفسهم	1	2	3	4	5
-22	المساعدة المعنوية من الأصدقاء هامة بالنسبة لي وأعتقد أن المساندة المعنوية مهمة	5	4	3	2	1
-23	أشعر بالراحة عندما ألجا إلى رجال الدين أو الشيوخ طلباً للمساعدة.	5	4	3	2	1
-24	أثق في نفسي- وفي قدرتي على التعامل مع المواقف الجديدة دون مساعدة من الآخرين	5	4	3	2	1

(دياب، 2006)

طريقة التصحيح والتفسير للمقياس:

عدد فقرات المقياس هي (24) وتتراوح العلامة بين (24- 120) والمتوسط (72) وكلما ارتفعت العلامة فوق المتوسط دل ذلك على زيادة في المساندة الاجتماعية.

سادسا: مقياس المسؤولية الاجتماعية

عزيزي الطالب أمامك مقياس المسئولية الاجتماعية يشتمل على عدة عبارات من فضلك (✖) اقرأ كل عبارة بعناية ثم اختار كل ما تراه مناسب وفق خمس حالات وضع إشارة أمام العبارة التي تختارها علما أن الحالات الخمس هي: أوافق بشدة، أوافق، غير متأكد، معارض، معارض بشدة.

الرقم	الفقرة	أوافق بشدة	أوافق	غير متأكد	معارض	معارض بشدة
-1	أحرص على تكوين علاقات الاجتماعية مع زملائي.	5	4	3	2	1
-2	أشعر بالضيق والخجل إذا تأخرت عن طابور الصباح.	5	4	3	2	1
-3	أشعر أن مشاركتي المناسبات العامة لا قيمة لها.	1	2	3	4	5
-4	أنهي أي عمل أقوم به على أكمل وجه.	5	4	3	2	1
-5	أشعر بأن دوري محدود في المجتمع لا يقدم ولا يؤخر.	1	2	3	4	5
-6	أحرص على عدم التدخل إذا رأيت أحد الزملاء يسبب أذى للآخرين.	1	2	3	4	5
-7	أساعد زميلي ضعيف النظر وأجلسه أمامي.	5	4	3	2	1

-8	أبادر لتقديم المساعدة لوالدي في كل وقت.	5	4	3	2	1
-9	أساعد رجال الأمن والشرطة في حفظ الأمن لكل مواطن	5	4	3	2	1
-10	إذا اقتضت مصلحتي الغش فإني ألجأ إليه لتحقيق النجاح.	1	2	3	4	5
-11	أرفع صوت المذياع مادمت أشعر بالحرية.	1	2	3	4	5
-12	أساهم في جمع التبرعات لمساعدة المحتاجين.	5	4	3	2	1
-13	حضوري متأخر عن الحصة الأولى لا يسبب لي أي إزعاج.	1	2	3	4	5
-14	أعمل على تحقق أهدافي بغض النظر عن الوسيلة.	1	2	3	4	5
-15	أسرع لمساعدة الجيران عند طلب المساعدة.	5	4	3	2	1
-16	أنصح زملائي بعدم العبث بأثاث المدرسة	5	4	3	2	1
-17	أمنع أصدقائي من التعرض أو التحرش بعابري الطريق.	5	4	3	2	1

-18	أشرح لزملائي المواد الصعبة	5	4	3	2	1
-19	التصرفات الخاطئة التي يقوم بها البعض لا مبرر لها.	5	4	3	2	1
-20	أقنع زملائي بالصلاة في المسجد.	5	4	3	2	1
-21	أهتم بالبرامج ذات الطابع الاجتماعي.	5	4	3	2	1
-22	أعزل نفسي إذا تعرضت بلدي لمرض معدي.	1	2	3	4	5
-23	أحل أي مشكلة تواجهني وحدي بدون الاستعانة بالزملاء.	5	4	3	2	1
-24	أجلس مع زملائي ونتناول موضوعات ليست لها قيمة.	1	2	3	4	5
-25	أشارك زملائي في زيارة المعلمين باستمرار	5	4	3	2	1
-26	إذا توفر لي مال كثير أصرفه وأتمتع به.	1	2	3	4	5
-27	أساعد زملائي بإعارة كتبي لهم.	5	4	3	2	1
-28	أشعر بالضيق عندما أدعى للمشاركة في المناسبات الاجتماعية	1	2	3	4	5

-29	أثنـاء الاحتيـاج أشـغل نفسي ـ بـبعض المسلسلات التلفزيونية.	1	2	3	4	5
-30	لا يهمني ما يقوله زملائي عني بأني غير اجتماعي.	1	2	3	4	5
-31	مـا دمـت مخلصا لله فيجـب أن أكـون مخلصا للآخرين.	5	4	3	2	1
-32	أرى أنـه حقـي السـير في أي مكـان في الشارع.	1	2	3	4	5
-33	أساعد رجال الإسعاف بتسهيل المـرور لهم.	5	4	3	2	1
-34	أؤمـن بالمثـل القائـل: أنـا ومـن بعـدي الطوفان	1	2	3	4	5
-35	أحـرص عـلى الاسـتماع لـدرس دينـي في المسجد.	5	4	3	2	1
-36	ألقـــي بـــالمهلات عـــلى الأرض أثنـــاء الاستراحة.	1	2	3	4	5
-37	الوقـوف في الطـابور لتحقيـق مصـلحة معينة يرهقني ويضيع وقتي.	1	2	3	4	5

-38	أقوم للصلاة إذا سمعت النداء وأترك أي عمل بيدي.	5	4	3	2	1
-39	أغلق صنبور المياه بعد الشرب.	5	4	3	2	1
-40	اخجل جدًا إذا كان أبي يعمل في النظافة	1	2	3	4	5
-41	أخصص بعض الوقت للمطالعة وللتثقيف الذاتي.	5	4	3	2	1
-42	ألتزم بالقوانين والضوابط المدرسية باستمرار.	5	4	3	2	1
-43	أشارك في فعاليات الإذاعة المدرسية.	5	4	3	2	1
-44	أرى أن عدم الالتزام بالوقت في المدرسة ليس له علاقة بالتدين.	1	2	3	4	5
-45	أشعر أن مسئولية الآباء مسئولية ثانوية اتجاه أبنائهم	1	2	3	4	5
-46	لا أهتم بالمشاركة في المناسبات الوطنية ما دمت متفوق	5	4	3	2	1
-47	أتضايق عندما أري كتابة على الجدران مخلة بالآداب العامة.	5	4	3	2	1

-48	أعتبر الإذاعة المدرسية مضيعة للوقت.	1	2	3	4	5
-49	أوضح لـزملائي خطـورة بعـض المشـاكل الاجتماعية في بلدي	5	4	3	2	1

(قاسم، 2008)

طريقة التصحيح والتفسير للمقياس:

يتكون المقياس من (49) فقرة وتتراوح الدرجة بين (49-245) والمتوسط هو (147) وكلما ارتفعت الدرجة دل على وجود تحمل مسؤولية لدى الفرد، علما أن المقياس يتكون من أبعاد وهي:

المسؤولية الذاتية، والمسؤولية الدينية، والمسؤولية الجماعية، والمسؤولية الوطنية.

سابعا: مقياس الذات الاجتماعية

أخي الطالب / أختي الطالبة

أرجو قراءة فقرات الاستبانة التي بين يديكم والإجابة على أسئلتها، علماً بان الإجابات سوف تعامل بسريه تامة ولغايات البحث العلمي.

وأن فقرات الأستبانة (46 فقرة) واحتمالات الاستجابة (موافق جدًا، موافق، غير متأكد، معارض، معارض جدًا)

الرقم	الفقرة	موافق جداً	موافق	غير متأكد	معارض	معارض جداً
-1	أعتمد كثيراً على مساعدة أصدقائي	5	4	3	2	1
-2	أشرك أصدقائي في وجهات نظري	5	4	3	2	1
-3	أحب الناس الذين أقضي وقتي معهم	5	4	3	2	1
-4	يعرفني المحيطين بي جيدا	5	4	3	2	1
-5	أشعر بالرضي عن أصدقائي	5	4	3	2	1
-6	يفهم أصدقائي تصرفاتي وطريقة تفكيري.	5	4	3	2	1
-7	أستطيع أن أجد الأصدقاء عندما أريد ذلك	5	4	3	2	1
-8	أشعر بالانسجام مع من حولي من الناس	5	4	3	2	1

-9	أجد صعوبة في الاحتفاظ بعلاقات صداقة مستمرة.	1	2	3	4	5
-10	لا استطيع بناء علاقات صداقة مع الآخرين	1	2	3	4	5
-11	صداقاتي مع الآخرين سطحية وعابرة.	1	2	3	4	5
-12	أهتم بأصدقائي	5	4	3	2	1
-13	احترم قيم الجماعة ولا اخرج عنها	5	4	3	2	1
-14	أكتسب القيم السلبية من الرفاق.	1	2	3	4	5
-15	أتأثر بالقيم التي يحملها أصدقائي	1	2	3	4	5
-16	أهتم بنفسي أكثر من اهتمامي بالآخرين.	1	2	3	4	5
-17	اتجه نحو الأشياء أكثر من اتجاهي نحو الأشخاص	1	2	3	4	5
-18	أشعر بالراحة مع الجماعة التي انتمي إليها	5	4	3	2	1
-19	أتقبل قرارات الجماعة وقيمها	5	4	3	2	1
-20	أشارك الجماعة في أنشطتها	5	4	3	2	1
-21	أفضل الأنشطة الجماعية على الأنشطة الفردية	5	4	3	2	1

-22	أواجه صعوبة بالمشاركة بالأنشطة الجماعية	1	2	3	4	5
-23	أشعر أنني إنسان سعيد في علاقاتي مع الآخرين	5	4	3	2	1
-24	أحب أن ابقي على علاقاتي مع الآخرين كما هي	5	4	3	2	1
-25	أشعر أنني مستبعد من بعض المواقف الاجتماعية	1	2	3	4	5
-26	أتمنى لو كانت شخصيتي غير ما هي عليه	1	2	3	4	5
-27	اشعر بأنني واثق من سلوكي الاجتماعي	5	4	3	2	1
-28	أفضل الأنشطة الفردية على الأنشطة الجماعية	1	2	3	4	5
-29	دوري بالألعاب الجماعية هو المشاهدة وليس المشاركة	1	2	3	4	5
-30	أساهم بالعمل الجماعي بانتظام	5	4	3	2	1
-31	أفضل التعامل مع الأفراد الذين يتميزون بالثبات	5	4	3	2	1
-32	في أغلب المواقف أوافق رأي الجماعة	5	4	3	2	1

-33	لم أكن أبداً شخصاً محبوباً بين أصدقائي.	1	2	3	4	5
-34	أستمتع بالمشاركة في مناقشات قد تستمر ساعات طويلة	5	4	3	2	1
-35	لا أفضل تناول الطعام بمفردي	5	4	3	2	1
-36	لا أحتمل المشاركة والخوض في مناقشات طويلة	1	2	3	4	5
-37	أتعاطف في الأمور المتعلقة بالأصدقاء	5	4	3	2	1
-38	لدي أهمية قيادية في محيطي الاجتماعي	5	4	3	2	1
-39	أتمنى أن أكون اجتماعياً أكثر تكون أأ	5	4	3	2	1
-40	أفضل البقاء في البيت على حضوري مناسبة اجتماعية	1	2	3	4	5
-41	أشعر بالميل إلى إقامة علاقات اجتماعية مع الناس	5	4	3	2	1
-42	أجد صعوبة في تكوين الأصدقاء	1	2	3	4	5
-43	أشعر بأن الناس يتجنبون صداقتي	1	2	3	4	5
-44	أبحث عن أعذار لتجنب حضور المناسبات الاجتماعية	1	2	3	4	5

-45	أتمتع باللقاءات الاجتماعية لأنها تجمعنا بالآخرين	5	4	3	2	1
-46	أشعر أنني غير سعيد في علاقاتي مع الآخرين	1	2	3	4	5

طريقة التصحيح والتفسير:

يشتمل المقياس على (46) فقرة تمثل مقياس الذات الاجتماعية الذي طوره الباحث، وقد صيغت كل فقرة منها على شكل جملة أتبعت، ويقاس مستوى مفهوم الذات الاجتماعية إجرائياً لأغراض هذه الدراسة بالدرجة التي يحصل عليها الفرد على مقياس الذات الاجتماعية المطور لهذه الدراسة، علماً بأن درجات القياس وبطريقة ايجابية وبتدرج من (5-10)، وتتراوح الدرجة الكلية التي يمكن أن يحصل عليها الفرد على هذا المقياس من (46 - 230) درجة، بحيث تمثل الدرجة المرتفعة شعور أعلى بمستوى الذات الاجتماعية وتشير الدرجة المنخفضة إلى شعور متدني بمستوي الذات الاجتماعية. حيث اعتمد الباحث على المقياس التالي لتحديد مستوى الذات الاجتماعية للطلبة.

1- إذا كان مجموع درجات الطالب على المقياس(46- اقل من 115) علامة فإن مستوى الذات الاجتماعية لديه منخفضة.

2- إذا كان مجموع درجات الطالب على المقياس (115- 230) علامة فإن مستوى الذات الاجتماعية لديه مرتفعة. (المهايرة، 2007)

المراجع

أولاً: المراجع العربية

إبراهيم، فيوليت فؤاد. (1998) دراسات في سيكولوجية النمو (الطفولة والمراهقة)، مكتبة زهراء الشرق، القاهرة.

أبو أسعد، أحمد عبد اللطيف (2007) أثر وجود الأطفال وعددهم والمستوى الاقتصادي في الشعور بالتفاؤل والرضا الزواجي، مجلة عين شمس. العدد 31، الجزء 3.

أبو أسعد، أحمد عبد اللطيف. (2009) الحاجات الإرشادية كما يعبر عنها الطلبة وأولياء أمورهم (دراسة مقارنة)، مجلة جامعة البحرين، مقبول للنشر.

أبو أسعد، أحمد والختاتنة، سامي. (2011). يجري الباحثان دراسة بعنوان: مستوى التكامل النفسي لدى المسن وعلاقته بسلوكه الصحي وكفايته الذاتية، ولذلك فنرجو منكم التكرم بالإجابة على المقاييس التالية، علما أن هذه الدراسة مخصصة لأغراض البحث العلمي فقط.

أبو أسعد، احمد والمحاميد، شاكر. (2009). الندم الموقفي وعلاقته بالتكيف النفسي لدى عينة من طلاب وطالبات جامعة مؤتة، مجلة جامعة الملك سعود، مقبول للنشر.

أبو أسعد، أحمد عبد اللطيف. (2005) أثر التكيف الزواجي في التكيف النفسي وتلبية الحاجات النفسية لدى الأبناء، رسالة دكتوراه غير منشورة، الجامعة الأردنية، عمان.

أبو الحسن، سميرة، (1996) دراسة مقارنة لمستوى الوحدة النفسية عند المسنين المقيمين مع ذويهم والمقيمين في دور المسنين، رسالة ماجستير غير منشورة، معهد البحوث التربوي، جامعة القاهرة، القاهرة.

أبو حطب، فؤاد وزملائه. (1979) تقنين اختبار رسم الرجل في البيئة السعودية، مكة المكرمة، مطبوعات مركز البحوث التربوية والنفسي.

أبو عرقوب، إبراهيم. (1993) الاتصال الإنساني ودوره في التفاعل الاجتماعي، دار مجدلاوي، نقلا عن قاموس اوكسفورد.

أبو عيطة، سهام. استكشاف الذات للتخطيط الدراسي والمهني. الجامعة الهاشمية. الزرقاء.

أبو غزالة، هيفاء وزكريا، زهير(1991). أنا ومهنتي. برنامج في التوجيه المهني للطلبة من مرحلة رياض الأطفال إلى نهاية الصف التاسع.

أحمد، عطية سيد. (1995) مظاهر السلوك العدواني لدى عينة من المتأخرين دراسيا وأثر الإرشاد النفسي في تعديله، رسالة دكتوراه غير منشورة، كلية التربية - جامعة الزقازيق.

الأخضر، فاطمة محمد، 1989، أثر المشاركة في برنامج الإرشاد الجمعي وفي برنامج النشاط على تحسن مفهوم الذات، رسالة ماجستير غير منشورة، الجامعة الأردنية، عمان.

الأشول، عادل عز الدين. (1997) الحاجات الإرشادية للتلاميذ في فترة المراهقة، **ندوة: الإرشاد النفسي ودوره التنموي**، جامعة الكويت، كلية التربية، 24/ 3/ 1997- 26/ 3/ 1997.

آمال صادق وفؤاد أبو حطب: علم النفس التربوي (ط4). القاهرة: الأنجلو المصرية، 1994م.

بتروفسكي، أ. ف وياروشفسكي، م. ج.(1996) معجم علم النفس المعاصر، دار العالم الجديد، القاهرة، ترجمة: حمدي عبد الجواد، عبد السلام رضوان.

بدر، إبراهيم محمود (1991). مدى فاعلية العلاج الوجودي في شفاء الفراغ الوجودي واللامبالاة اليائسة لدى الطلبة الفاشلين دراسي، رسالة دكتوراه غير منشورة، كلية التربية ببنها جامعة الزقازيق.

بدير محمد نبيه (1990) عادات الاستذكار وعلاقتها بالتحصيل الدراسي لدى طلاب وطالبات الجامعة. مجلة كلية التربية، جامعة المنصورة، العدد 14، الجزء الثاني.

بذري، علي والشناوي، محروس. (1986) المجال النفسي للضبط وعلاقته بالسلوك التوكيدي وأساليب مواجهة المشكلات، مجلة كلية التربية، جامعة أسيوط، العدد الثاني.

البستاني، المعلم بطرس (1977). محيط المحيط، قاموس مطول للغة العربية، بيروت مكتبة لبنان.

توق، محي الدين وعدس، عبد الرحمن (1984) أساسيات علم النفس التربوي. عمان: دار جون وايلي وأبنائه.

جابر، جابر عبد الحميد. (1973) مدخل لدراسة السلوك الإنساني، ط3، القاهرة: دار النهضة العربية.

جابر، جابر عبد الحميد. (1986) الشخصية: البناء، الديناميات، النمو، طرق البحث، التقويم. القاهرة: دار النهضة العربية

جبريل، موسى (1996) العلاقة بين مركز الضبط وكل من التحصيل الدراسي والتكيف النفسي لدى المراهق، مجلة دراسات، المجلد 23، العدد 2، ص358–377.

الجردي، نبيل. (1984) المدخل لعلم الاتصال، مكتبة الإمارات، ط3، الإمارات العربية المتحدة.

جلال، سعد، وآخرون. (1996) مشكلات الشباب المصري في مرحلة التعليم الثانوي، القاهرة: المركز القومي للبحوث الاجتماعية الجنائية.

الجمال، أبو العزايم، وفهيم، لطفي (1988) نظريات التعلم المعاصرة وتطبيقاتها التربوية، القاهرة: مكتبة النهضة المصرية.

الجهني، ضاحي ضحيان. (2006) تقنين قائمة نيو للشخصية لفئة الراشدين الذكور من (17– 40) سنة في البيئة السعودية، رسالة ماجستير غير منشورة، جامعة مؤتة.

جيل، فوزي محمد. (2000) الصحة النفسية وسيكولوجية الشخصية. المكتبة الجامعية، الإسكندرية.

الحسين، أسماء عبد العزيز 2002) المدخل الميسر إلى الصحة النفسية والعلاج النفسي، دار عالم الكتب، السعودية.

الحسين، أسماء عبد العزيز. (2002). المدخل الميسر إلى الصحة النفسية والعلاج النفسي، دار عالم الكتب، ط1، الرياض: السعودية.

حسين، محمد عبد الهادي(2003) تربويات المخ البشري، دار الفكر، عمان: الأردن.

حمدي، نزيه (1998) علاقة مهارة حل المشكلات بالاكتئاب لدى طلبة الجامعة الأردنية، مجلة الدراسات، المجلد (25) عدد (1).

حمدي، نزيه (1998) فعالية تدريبات التحصين ضد الضغط النفسي في خفض المشكلات، بحث مقدم ضمن فعاليات الورشة العربية الثانية للعلوم النفسية، الجمعية السورية للعلوم بالتعاون مع كلية التربية بجامعة دمشق، سوريا.

حمدي، نزيه، ونظام أبو حجله، وصابر أبو طالب (1998) البناء العاملي ودلالات صدق وثبات صورة معبره لقائمة بيك للاكتئاب، مجلة دراسات، مجلد (12)، عدد (11).

حمزة، جمال.(1996). التنشئة الوالدية وشعور الأبناء بالفقدان، مجلة علم النفس، الهيئة المصرية العامة للكتاب: السنة (10)، العدد (39)، ص 138_147.

الحميدات، روضة سليمان أحمد. (2007). بناء وتقنين مقياس مهارات الاتصال لدى طلبة الجامعات الأردنية. جامعة مؤتة، الكرك: الأردن.

الحوارنة، إياد نايف (2005) أثر نمط التنشئة الأسرية في النضج المهني لدى طلبة الأول الثانوي في محافظة الكرك، رسالة ماجستير غير منشورة، جامعة مؤتة.

الحواري، عيسى.(1982).تكييف مقياس هولاند في التفضيل المهني وتطبيقه على عينة من طلبة الصف الثالث الثانوي في مدينة اربد، رسالة ماجستير غير منشورة.جامعة اليرموك اربد، الأردن.

ختاتنة، سامي. (2006). بناء برنامج لتدريب الأمهات على المهارات الحياتية و استقصاء أثره

في تحسين الكفاية الاجتماعية و مفهوم الذات ومهارات الحياة لدى أطفالهن، رسالة دكتوراه غير منشورة، جامعة عمان العربية، عمان.

الخطيب، جهاد. (1988) الشخصية بين التدعيم وعدمه. (برامج في تعديل السلوك) منشورات وزارة التربية، عمان: الأردن.

الخواجا، عبد الفتاح محمد سعيد. (203) الاختبارات والمقاييس النفسية المستخدمة في الإرشاد والعلاج النفسي، دار المستقبل للنشر والتوزيع، عمان.

الخولي، سناء (1986). الأسرة والحياة العائلية، الإسكندرية، دار المعرفة الجامعية.

داوود، نسيمه (1999) علاقة الكفاية الاجتماعية والسلوك اللاإجتماعي المدرسية أساليب التنشئة الوالدية والتحصيل الدراسي لدى عينة من طلبة الصفوف السادس والسابع والثامن، مجلة دراسات، المجلد (26) عدد(1)

الدسوقي، كمال (1976) علم النفس ودراسة التوافق، بيروت: دار النهضة العربية.

الدسوقي، كمال. (1979) النمو التربوي للطفل والمراهق، دار النهضة العربية، القاهرة.

دواني، كمال وعيد ديراني، 1983، اختبار ماسلو للشعور بالأمن، دراسة صدق للبيئة الأردنية، مجلة دراسات، المجلد (1)، عدد (2).

ديفيز، مارثا، روبنز، اليزابيث وماكاي، ماثيو.(2005)كتاب تدريبات الاسترخاء والتحرر من التوتر، ط5، مكتبة جرير، السعودية.

ديفيز وروبنز وماكاوي.(2005).معدلة عن استبان Coping Style Questionnaire. والذي وضعه جيم بويرز، مركز كابزر – بيرمينانت الطبي والأساليب الصحية، سانتا كلارا، كاليفورنيا.

دياب، مروان. (2006). دور المساندة الاجتماعية كمتغير وسيط بين الأحداث الضاغطة والصحة النفسية للمراهقين الفلسطينيين. رسالة ماجستير غير منشورة، الجامعة الإسلامية، غزة.

243

ذياب، فوزية (1966). القيم والعادات الاجتماعية، القاهرة: دار الكتاب العربي.

رزوق، أسعد (1979). موسوعة علم النفس. بيروت: المؤسسة العربية للدراسات والنشر.

الرشيدي، بشير صالح والخليفي إبراهيم محمد. (1997). سيكولوجية الأسرة والوالدية، الكويت: ذات السلاسل.

رضوان، سامر جميل. (1999) دراسة ميدانية لتقنين مقياس للقلق الاجتماعي على عينات سورية، جامعة دمشق– كلية التربية.

رضوان، سامر. (1997) توقعات الكفاءة الذاتية، مجلة شؤون اجتماعية، العدد الخامس والخمسون– السنة الرابعة عشرة، الشارقة، ص25–51.

الرواشدة، أسيل. (2007). علاقة الإساءة والوالدية في تطور النمو الأخلاقي لدى عينة من المراهقين في محافظة الكرك، رسالة ماجستير غير منشورة، جامعة مؤتة، الكرك.

الروسان، فاروق.(1999) أساليب القياس والتشخيص في التربية الخاصة، دار الفكر للطباعة والنشر والتوزيع، عمان.

رياض، سعد. (2005) الشخصية أنواعها أمراضها فن التعامل معها، مؤسسة اقرأ للنشر والتوزيع والترجمة، القاهرة.

الريحاني، سليمان، 1985، تطوير اختبار الأفكار العقلانية واللاعقلانية، مجلة دراسات، المجلد (12) عدد (11).

زايد، أحمد (1993) الأسرة والطفولة: دراسات اجتماعية وانثربولوجية، الطبعة الأولى. دار المعرفة الجامعية: إسكندرية.

زهران، حامد (1985) علم نفس النمو الطفولة والمراهقة. ط (5)، القاهرة: عالم الكتب.

زهران، حامد (1987) الصحة النفسية والعلاج النفسي، القاهرة: عالم الكتب.

زهران، حامد. (1977). علم نفس النمو، القاهرة عالم الكتب.

زهران، حامد عبد السلام. (1990) علم نفس النمو، ط5، القاهرة: عالم الكتاب.

زواوي، رنا أحمد. (1992) أثر الإرشاد الجمعي للتدريب على حل المشكلات في خفض التوتر، رسالة ماجستير غير منشورة، الجامعة الأردنية.

زيدان، السيد عبد القادر (1990) عادات الاستذكار في علاقتها بالتخصص ومستوى التحصيل الدراسي في الثانوية العامة لعينة من طلاب كلية التربية جامعة الملك سعود، بحوث المؤتمر السنوي السادس لعلم النفس في مصر، القاهرة: الجمعية المصرية للدراسات النفسية.

السرطاوي، زيدان أحمد والشخص، عبد العزيز السيد. (1998) بطارية قياس الضغوط النفسية وأساليب المواجهة والاحتياجات لأولياء أمور المعوقين، دار الكتاب الجامعي، العين: الإمارات العربية المتحدة.

سري، إجلال محمد. (1982) التوافق النفسي للمدرسات المتزوجات والمطلقات وعلاقته ببعض مظاهر الشخصية، رسالة دكتوراه غير منشورة، جامعة عين شمس، القاهرة، مصر.

السفاسفة، محمد إبراهيم. (1993) استقصاء مدى فعالية نموذجين في اتخاذ القرار المهني لدى طلبة الصف الثاني الثانوي الأكاديمي في محافظة الكرك، رسالة ماجستير غير منشورة، جامعة مؤتة، الكرك، الأردن.

سكر، ناهدة. (2003) الاختبارات والمقاييس النفسية والتربوية، دار المناهج للنشر والتوزيع. عمان.

سلامة، سهيل. (1988) إدارة الوقت منهج متطور للنجاح، المنظومة العربية للعلوم الإدارية، عمان.

سيباني، خليل. (1998) إدارة الوقت، موسوعة رجل الأعمال الناجح، دار الكتب الجامعية، بيروت.

شارلو شيفر، هوارد سليمان(1996) مشكلات الأطفال، ترجمة د.نسمة داود، د.نزيه حمدي، عمان، ط: ٢، ص: ٤٣٢.

شبكة العلوم النفسية العربية. (2003) Reserved WebPsySoftArab Company ,Arabpsynet. .All Rights

الشرعة، حسين. (1998). علاقة مستوى الطموح والجنس بالنضج المهني لدى طلبة الصف الثاني الثانوي، مؤتة للبحوث والدراسات، عمادة الدراسات العليا، جامعة مؤتة، الأردن، المجلد (13)، العدد (5)، ص 11 - 33.

الشرعة، حسين.(1993).مدى توافق الميول المهنية المقاسة لطلبة المرحلة الجامعية مع تخصصاتهم الأكاديمية، مجلة أبحاث اليرموك، (3) 9، 273-275.

الشرقاوي، حسن (1984). نحو علم نفس إسلامي، الإسكندرية: مؤسسة شباب الجامعة.

الشناوي، محمد محروس (1996) العملية الإرشادية، دار غريب.القاهرة: مصر.

شهاب، محمد يوسف.(1992) أنماط الشخصية وعلاقتها بالتفضيلات المهنية لدى طلاب الصف العاشر، رسالة ماجستير غير منشورة.الجامعة الأردنية. عمان.

الشوارب، أسيل أكرم سلامة(1996) المشكلات السلوكية والانفعالية لأطفال المستوى التمهيدي في رياض الأطفال التابعة لمراكز صندوق الملكة علياء للعمل الاجتماعي التطوعي، رسالة ماجستير غير منشورة، جامعة مؤتة، الكرك.

الشوبكي، نايفة حمدان. (1991) تأثير برنامج في الإرشاد المعرفي على قلق الامتحان لدى عينة من طلبة المرحلة الثانوية في مدينة عمان، رسالة ماجستير غير منشورة، الجامعة الأردنية، عمان.

صالح، أحمد زكي (1972) علم النفس التربوي، ج12، مكتبة النهضة المصرية، القاهرة.

الصمادي، أحمد. (1991) مقياس اتجاهات الشباب نحو الزواج، مجلة أبحاث اليرموك سلسلة العلوم الإنسانية والاجتماعية، المجلد7، العدد3، ص 93-129.

الطواب، سيد. (1995). النمو الإنساني أسسه وتطبيقاته، دار المعرفة الجامعية: القاهرة.

عبد الخالق أحمد محمد (2000). التفاؤل والتشاؤم: عرض لدراسات عربية، مجلة علم النفس، العدد56، السنة14أص ص6-27. الهيئة المصرية العامة للكتاب. مصر.

عبد الخالق، أحمد، (1996). قياس الشخصية، الكويت: لجنة التأليف والتعريب والنشر.

عبد الخالق، أحمد محمد.(1987). مقياس قلق الموت، العدد 111، سلسلة دار المعرفة، مارس.

عبد الرحمن، محمد السيد، والمغربي، ماهر مصطفى (1990). أساليب المعاملة الوالدية كما يدركها العصابيون والذهانيون والأسوياء، مجلة الزقازيق، جامعة الزقازيق).

عبد الرحمن، محمد السيد (1991) المهارات الاجتماعية وعلاقتها بالاكتئاب واليأس لدى الأطفال، مجلة كلية التربية بطنطا، العدد الثالث عشر، 241- 300.

عبد الشافي أحمد سيد رحاب(1997) فعالية برنامج مقترح لتنمية المهارات الإملائية اللازمة لتلاميذ الحلقة الثانية من التعليم الأساسي لدى طلاب كلية التربية (قسم اللغة العربية). المجلة التربوية، كلية التربية بسوهاج، جامعة جنوب الوادي، العدد الثاني عشر، الجزء الأول، يناير.

عبد القوي، سامي. (1995) علم النفس الفسيولوجي، ط2، القاهرة: مكتبة النهضة المصرية.

عبد الكافي، إسماعيل. (2001) اختبارات الذكاء والشخصية، الإسكندرية: مركز الإسكندرية للكتاب.

عبد الكريم، ناهد (1988). الاضطرابات الأسرية وأثرها الاجتماعية، مجلة الشرطة، أبو ظبي، عدد 212 آب، ص 99-110.

عبد المعطي، سوزان محمد إسماعيل (1991) توقعات الشباب قبل الزواج وبعده وعلاقتها بالتوافق الزواجي (دراسة ميدانية)، رسالة ماجستير غير منشورة، جامعة عين شمس، القاهرة، مصر.

العبيسات، صلاح. (2009). فعالية برنامج إرشادي مستند إلى العلاج المتمركز حول الشخص

لتحسين التكيف لدى الطلبة المهملين، رسالة ماجستير غير منشورة، جامعة مؤتة، الكرك.

العتيق، عبد العزيز. (2010). فعالية برنامج إرشادي مستند إلى العلاج السلوكي المعرفي في خفض الحساسية الزائدة للنقد لدى المراهقين، رسالة ماجستير غير منشورة، جامعة مؤتة، الكرك.

عثمان، فاروق السيد ورزق، محمد عبد السميع. (2001) الذكاء الانفعالي مفهومه وقياسه، مجلة علم النفس، ابريل مايو.

العديلي، ناصر. (1994) إدارة الوقت دليل للنجاح والفعالية في إدارة الوقت، مطبعة مرار، المملكة العربية السعودية، وزارة الإعلام.

عسكر، علي. (2000) ضغوط الحياة وأساليب مواجهتها، الصحة النفسية والبدنية في عصر التوتر والقلق، ط2، دار الكتاب الحديث، الكويت.

عطا، محمود، (1993). النمو الإنساني – الطفولة والمراهقة، ط2، دار الخريجي للنشر.

العطوي، ضيف الله. (2006). أثر نمط التنشئة الأسرية في تقدير الذات لدى طلبة المرحلة الثانوية في مدينة تبوك، رسالة ماجستير غير منشورة، جامعة مؤتة، الكرك.

عطية، نعيم. (1982) ذكاء الأطفال من خلال الرسوم، بيروت. دار الطليعة.

علي بن عيسى.(1425 ه). تمرين فن الإنصات، الحوار في التربية والتعليم.

علي بن عيسى. (1425ه). تمرين الحوار الفعال، الحوار في التربية والتعليم.

علي، عمر. (1999). مقياس (ض- ن –م) الضغوط النفسية المدرسية، جامعة عين شمس، معهد الدراسات العليا للطفولة، قسم الدراسات النفسية والاجتماعية

عليان، خليل و كيلاني، عبد الله، زيد (1988). الخصائص السيكومترية لصورة معربة ومعدلة للبيئة الأردنية من مقياس وكسلر لذكاء الأطفال، مجلة دراسات الجامعة الأردنية مجلد (18).

العمايرة، أحمد عبد الكريم. (1991) فعالية برنامج تدريبي على المهارات الاجتماعية في خفض السلوك العدواني لدى طلبة الصفوف الابتدائية، رسالة ماجستير غير منشورة، الجامعة الأردنية.

العمرو، نادية. (2007). التفكك الأسري وعلاقته بانحراف الفتيات في الأردن:- دراسة مقارنة بين الفتيات المنحرفات وغير المنحرفات، رسالة ماجستير غير منشورة، جامعة مؤتة، الكرك.

عيسى، محمد رفيق (1984). توضيح القيم أم تصحيح القيم، الكويت: ندوة علم النفس التربوي - مؤسسة الكويت للتقدم العلمي.

غنيم، سيد محمد(1972) سيكولوجية الشخصية، القاهرة: دار النهضة العربية.

الفار، عبير وديع(1986) العلاقة بين الرضا الوظيفي وسمات الشخصية عند المرشدين التربويين، رسالة ماجستير غير منشورة، الجامعة الأردنية، عمان.

فرج، صفوت وإبراهيم، هبة.(1996) البنية السيكومترية والعاملية لمقياس تنسي لمفهوم الذات، جامعة الكويت وجامعة المنيا.

الفرح، عدنان والعتوم، عدنان. (1999) بناء مقياس نمط السلوك (أ)، أبحاث اليرموك، سلسلة العلوم الإنسانية والاجتماعية، المجلد 15، العدد3، ص29-40.

قاسم، جميل. (2008) فعالية برنامج إرشادي لتنمية المسؤولية الاجتماعية لدى طلاب المرحلة الثانوية. رسالة ماجستير غير منشورة، الجامعة الإسلامية، غزة.

قبلان، بسام محمود. (1995) بناء مقياس للكشف عن الطلبة الموهوبين في نهاية المرحلة الإلزامية (الثامن، التاسع، العاشر)، رسالة ماجستير غير منشورة، الجامعة الأردنية.

القرشي، عبد الفتاح. (1997) تقدير الصدق والثبات للصورة العربية لقائمة حالة وسمة الغضب والتعبير عنه لسبيلبرجير، مجلة علم النفس، 43، 74-88.

قشقوش، إبراهيم.(1988) مقياس الإحساس بالوحدة النفسية لطلاب الجامعات، كراسة التعليمات، القاهرة: مكتبة الأنجلو المصرية.

القعيد، إبراهيم بن حمد.(بلا تاريخ) العادات العشر للشخصية الناجحة، دار المعرفة للتنمية البشرية الرياض.

كباتيلو، زياد صلاح الدين.(1978).اشتقاق معايير أردنية محلية لاختبار رسم الرجل على عينة من الأطفال الأردنيين، رسالة ماجستير غير منشورة، الجامعة الأردنية.

كفافي، علاء الدين (1999) الإرشاد والعلاج النفسي الأسري. القاهرة: حورس للطباعة والنشر.

كلير أوستن.(بلا تاريخ) مهارات تفعيل وتنظيم الوقت – سلسلة تعلم خلال أسبوع، الدار العربية للعلوم

لابين، دالاس وبيرن جرين. (1981) مفهوم الذات، أسسه النظرية والتطبيقية، ترجمة فوزي بهلول، بيروت، دار النهضة العربية.

لندري، ج وهوك، ك(1978) نظريات الشخصية، ترجمة فرج أحمد فرج وآخرون، القاهرة: الهيئة المصرية للكتاب.

المجالي، أميرة. (2005). أثر استخدام برنامج تعزيز رمزي في خفض سلوك النشاط الزائد لدى طلبة الصف الأول الأساسي، رسالة ماجستير غير منشورة، جامعة مؤتة، الكرك.

محمود، ميسر ياسين.(1999). الميول المهنية وعلاقتها بالجنس والتخصص والنضج المهني لدى طلبة الصف الثاني الثانوي الأكاديمي، رسالة ماجستير غير منشورة، الجامعة الأردنية، عمان، الأردن.

مرسي، كمال إبراهيم (1991) العلاقة الزواجية والصحة النفسية في الإسلام وعلم النفس، دار القلم: الكويت.

مرعي، توفيق وبلقيس، أحمد (1984). الميسر في علم النفس الاجتماعي، ط2، عمان: دار الفرقان للنشر والتوزيع.

مسمار، إيناس بشير. (1993) أثر برنامج إرشاد جمعي تدريبي في تنظيم الوقت على مهارة تنظيم الوقت والتحصيل لدى طالبات الأول الثانوي في مديرية عمان الثانية، رسالة ماجستير غير منشورة، الجامعة الأردنية، عمان.

مشروع المنار دليل تطوير الوعي المهني (1997)، المركز الوطني لتنمية الموارد البشرية، عمان: الأردن

المصري، أناس رمضان، 1994، فاعلية برنامج إرشاد جمعي في خفض سلوك العزلة لدى طالبات المراهقة الوسطى، رسالة ماجستير غير منشورة، الجامعة الأردنية، عمان.

المصري، حسني أمين198(6) الوفاء بالعهد في القرآن.

مصطفى، ناجية أمني علي.(2001) مدى فاعلية برنامج إرشادي في تخفيض حدة سلوك التمرد لدى بعض طالبات المرحلة الثانوية، رسالة جامعية غير منشورة، جامعة عين شمس.

المعايطة، خليل عبد الرحمن (2000). علم النفس الاجتماعي، عمان: دار الفكر للطباعة والنشر.

الميزنل، عبد الله فلاح (1991) مشكلات المراهقين وعلاقتها بمتغيري العمر والجنس، دراسات المجلد، 300أ) العدد1.

نزال، كمال. (2005) مدى ملائمة الميول المهنية للتخصصات التي التحق بها طلبة الصف الأول الثانوي، رسالة دكتوراه غير منشورة، الجامعة الأردنية عمان.

الهابط، محمد السيد. (1989) التكيف والصحة النفسية (ص3) المكتب الجامعي الحديث، القاهرة.

وحيد، أحمد عبد اللطيف (2001). علم النفس الاجتماعي، عمان: دار المسيرة للنشر والتوزيع.

251

وفاء، سعد حلمي. (1986). استراتيجيات حل المسائل الرياضية عند طلبة الصف الأول ثانوي وأثر التحصيل ومستوى التفكير والجنس عليها، رسالة ماجستير غير منشورة، الجامعة الأردنية عمان.

الوقفي، راضي. (1996) الاستراتيجيات التعليمية في الصعوبات التعليمية، كلية الأميرة ثروت، مركز صعوبات التعلم.

ياسر، سالم. (1988) دراسة تطوير اختبار لتشخيص صعوبات التعلم لدى التلاميذ الأردنيين في المرحلة الابتدائية، دراسات، المجلد الخامس عشر، العدد الثامن.

الياسين، جعفر (1988). اثر التفكك العائلي في جنوح الأحداث، بيروت: عالم المعرفة.

يوسف، سيد. سلسلة المقاييس النفسية، المقياس النفسي لإدمان الانترنت
http://sayed-yusuf00.maktoobblog.com/?post=333627

يوسف، سيد. سلسلة المقاييس النفسية، المقياس النفسي للصحة النفسية
http://www.maktoobblog.com/sayed_yus ...735&post=13189

ثانياً: المراجع الأجنبية

Ackerman, P. and Eggested, E. (1997). Intelligence, Personality and Interest: Evidence for overlapping traits. Psychological Bulletin, 121,219-245.

Allen, Mike. Preiss. Raymond W. Gale., Barbara Mae and Burrell,

Allport, G.W. (1961). Becoming: Basic Considerations for a psychology of personality. New Haven: Yale university press.

Allport, G. W., Venom, P.E., & Lindzey, G. (1960).Study of Values. Haughton Miffin Company.

Armstrong, Thomas (1994) Multiple Intelligences: Seven Ways to Approach Curriculum", Educational leadership, November.

Atkinson, M. & Hornby, G. (2002). Mental Health Handbook for Schools. London: Routledge Falmer.

Bandura, A. (1977).Self-efficacy: Toward a unifying theory of behavioral change. Psychological Review. 84, 191-215

Bandura, A.(1979). Sozial-kognitive Lerntheorie. Stuttgart. Klett.

Beck, A.T., & Steer, R.A. (1974) Beck Hopelessness Scale, manual. New York: Harcourt Brace Jovanovich.

Beck, A.T. (1991). Cognitive therapy: A 30-year retrospective. American Psychologist, 46, 168-175.

Betz, N.E. and Voyten, K.K. (1997).Efficacy and outcome expectation influence career exploration and decidedness. Career Development Quarterly.46, 179-189.

Blum, J.S., Mehrahian, A. (1999).Personality and Temperament Correlates of Marital Satisfaction. Journal of Personality, 67, 93-125.

Bransfont, J., and B.Stein. (1984).The Ideal Problem Solving, New York, W.H.Freeman,11-13.

Buss, A.H. (1980) self-Consciousness and Social Anxiety: San Francisco: Freeman.

Chandler, et al. (1958) Successful Adjustment in College, 2nd Ed, Englewood cliffs, N.Y. Prentice-Hall.

Chipongian, Lisa, (2000) Multiple Intelligences in the Classroom, Brain Connection News Letter, May.

Corinsi. (1987).Encyclopedia of Psychology. New York: John Wiley and Sons.

Corey, Gerald.(2001). Theory and Practice of Counseling and Psychology,N.Y: B rooks/Cole publishing com.

Cottrell, S. (1999) the study skills handbook. London: Macmillan press Ltd

Cutrona, C. (1982). Transition to College: Loneliness and the Process of Social Adjustment. In Peoplau and Perlman (Eds).

Dawis. (1991). Vocational Interests Values, and Preference, in: Dunnette, M. & Hough, L(ED) Handbook of Industrial & Organizational

Dehn, N. & Schank, R. C. (1982). Artificial and Human Intelligence. In R. Stermberg (Ed.), Handbook of Human Intelligence (Vol. I, pp 352-391), New York: Cambridge University Press. Psychology 2nd Ed. Vo 1.2, Consulting psychologists Press, PP. 833-869.

Drever, J. (1961) Dictionary of Psychology. London: Penguin Books. Loneliness: A Source Book of Current Theory, Research and Therapy (pp.291-309). New York: Wiley.

Ellis, A. (1962). Reason and Emotion in Psychotherapy. New York: Lyle Stuart.

Feldman, R. (1989).Adjustment: Applying Psychology to a complex world. New York: McGraw-Hill.

Freedman, Daniel, et Al. (1972).Modern Synopsis of Psychiatry, the Williams Co., N.Y. P131.

Gardner, H. (1983). Frames of Mind, New York: Basic Books. Hanson, E. Simon. (2000) a New Approach to Learning: The Theory of Multiple Intelligences, Brain Connection News Letter, and May.

Gibbs, J. et al., (1992). Social Reflection Measure- Short Form (SRM-SF), (Arabic Version for Man)

Girdano, D., Everly, G., & Dusen, D. (1997). Controlling stress and Tension (5 the Ed). Boston: Allyn and Bacon.

Graham, K.G. & Robinson, H. (1989) Study skills handbook: A guide for all teacher. New York: International Reading Association.

Hadfield,J.A.(1952).Psychology and Mental Health. George Allen and Unwintltd, London.

Harris, D.B. (1963).Goodenough-Harris Drawing Test.Harcourt, Brace and World, Inc.

Heppner, P. (1982) the Development and Implications of Personal Problem Solving Inventory. Journal of Counseling and Psychology, 29(1).

Hetherington, E and Parke, R. (1993). Child Psychology: a Contemporary View Point. McGraw- Hill Book Company: New York.

Holland, J.L. (1965) Holland Vocational Preference Inventory.John L. Holland.

Holland, J.L. (1997).Making Vocational Choices: A theory of Vocational Personalities and Work environments (3rd Ed.).Odessa, FL: Psychological Assessment Resources.

James, W. (1890). The principles of psychology. New York: Holt Rinehart & Winston. Vol. 1.

Jennings, J.R., & Choi, S. (1981).Type A Component and psycholopsyiological responses to an attention demanding performance task. Psychosomatic Medicine, 43,475-488.

Kelley, Colleen.(1979). Assertion Training: A Facilitators Guide International Author, California: University.

Krampen, G. (1989).Diagnostik von Attributionen und Kontrollueberzeugungen. Goettingen. Hogrefe.

Krisen, O. (Ed.). (1972). Mental Measurements Yearbook. Buros Institute of Mental Measurements Yearbook. 7th Ed.

La Guardia, J.G., Ryan, R.M., Coucnman, C.E., & Deci. E.L. (2000). Within-person Variation in Security of Attachment: A Self-determination theory perspective on attachment, need fulfillment, and well-being. Journal of Personality and Social Psychology, Vol 79, P 367-384.

Luthans,F.(1992). Organizational Behavior (6 th Ed.) New York: Mac-Graw-Hill.Inc.

Mann, Michael (1987). Encyclopedia of Sociology. London: Macmillan Press.

Margraf, J. & Rudolf, K. (1999). Angst in sozialen Situationen: Das Konzept der Sozialphobie. In Margraf, J. & Rudolf, K. (Hrsg). Soziale Kompetenz Soziale Phobie. Hohengehren. Germany. Schneider Vera. pp. 3-24.

Marks, I.M. (1987). Fears, phobias, and rituals. Panic, anxiety, and their disorders. New York: Oxford University Press.

Mar land, S.P. Jr. (1971). Education for the Gifted and Talents: Volume I. Washington D.C: V.S. Government Printing Offices.

Mehrens, William A. (1975). Measurement and Evaluation in Education and Psychology, 2nd. Ed., Rinehart and Winston, New York.

Mruk, C. (1995). Self-esteem: Research, theory, and practice, New York: Springer.

Muchinsky, P.M. (1994). The Influence of Life Experiences on Vocational Interests and Choices. InG.S. Stokes, M. Mum ford, and W.A. Owenes, (Eds.),.The biodata handbook: Theory, Research, and Applications. Palo, Alto, and CA: Counseling Psychology Press.

Nancy, A. (2002). Interpersonal Communication Research, Lawrence Erlbaum Associates, Publishers Mahwah, New Jerey, London.

Oltmanns, T.F &Emery, R.E (1998): Abnormal Psychology.NJ: Prentice-Hall.

Osipow, Samula. (1983). Theories of Career Development. Applenta Centaury Crafts: New York.

Osipow, S. (1999) An Assessing Career Indecision. Journal of Vocational Behavior.55 (2), 147-154.

Patterson, C.H. (1980) Theories of counseling and psychotherapy: New York: Harper& Row.

Peplou, L. & Perlman, D. (1981).Towards A Social psychology Of Loneliness. In R.Gilmor &S. Duck, (Eds.), Personal Relationships, London: Academic Press.

Perris, C.,L. Jacobsson, H. Lindtrom, L. Von Knorrving & H. Perris. (1980) Development of a new Inventory for assessing memories of Parental Raring Behavior. Acta Psychiatry Scand. 61:265-274.

Pervin, L. A. (1987).Persoenlichkeitstheorien. Muenchen. Basel: E. Reinhardt.

Porteous, M.A. (1985) Development Aspects of Adolescent Problem, Disclosure in England and Ireland, Journal of Child Psychology and Psychiatry, 26, 465-478.

Renzulli. J & Reiss, S (1985) the School Wide Enrichment Model. Creative Learning Press, Connecticut.

Rimm & Masters.(1979).Behavior Therapy Techniques and Empirical Findings, New York: Acadmic Press.

Roeder, B. & Maragraff, J. (1999). Kognitive Verzerrung bei sozial aengstlichen Personen. In Margraf, J. & Rudolf, K. (Hrsg). Soziale Kompetenz Soziale Phobie. Hohengehren. Germany. Schneider Verlag. pp. 61-71.

Rosenberg, M. (1965). And the adolescent self-image, Princeton, NJ: Princeton University Press.

Schwarzer, R.(1990). Gesundheitspsychologie: Einfuehrung in das Theam. In R. Schwarzer, (Hrsg.), Gesundheitspsychologie, 3-23. Goettingen: Hogrefe.

Schwarzer, R.(1994).Optimistische Kompetenzerwartung: zur Erfassung einer personellen Bewaeltigungsressource. Dignostika. Heft 2, 40, 105-123. Goettingen.

Segerstrom, S.C., Taylor, S.E., Kemeny, M.E., & Fahey, J.L. (1998). Optimism is associated with mood, coping, and immune change in response to stress. Journal of Personality & Social Psychology. 74, 1646- 1655.

Spielberger, C.D. (1988) state-Trait Anger Expression on (AX) scale. Odessa, FL: Psychological Assessment Resources.

Sinha, S.P., and Mukerjee, Neelima. (1990). Marital Adjustment and Space Orientation. The Journal of social psychology.. 130 (5). 633-639..

Spanier, G.B. (1976).Measuring Dyadic Adjustment: New Scales for Assessing the Quality of Marriage and Other Dyads. Journal of Marriage and the Family, 30, 15-28

Stangier, U. & Heidenreich, T. (1999) Die Soziale Phobie aus kognitiv- bihavioraler Perspective. In Margraf, J. & Rudolf, K. (Hrsg). Soziale Kompetenz Soziale Phobie.Hohengehren. Germany. Schneider Verlag.. 40-60.

Steven, L. McMurtry. (1994). Client Satisfaction Inventory.

Supper, D. (1988). Vocational Adjustment: Implementing Soft Concept. The career Development Quarterly, 36. 357-391.

Swanson, J, and Woitke, M. (1997) Theory into Practice Interventions Regarding Perceived Career Barriers.Journal of Career Assessment.5, 443-462.

Torrance, E. Paul. (1965). Mental Health and Constructive Behavior.Wads Worth Publishing.Co. Inc., Belmonts Califotnia.

Tracey, T. (2001).The Development of Structure of Interests in Children: Setting the Stage. Journal of Vocational Behavior.59 (3), 89-104.

Truch, S. (1980).Teacher Burnout Nomato, CA: Academic Therapy Publications.

Walter. W.Hudson. (1993). Childs Attitude toward Mother. (CAM)

Wiess, R. (1973).loneliness: The Experience of Emotional and Social Isolation. Cambridge, Ma: MIT Press.

Wilkinson, L. (1997).Generalizable Bio data? An Application to the Vocational Interests of Managers. Journal of Occupational and Organizational Psychology.70 (3), 49-60.

Willams, J. (1988) a structured interview guide for the Hamilton Depression Rating Scale. Arch. Gen. Psychiatry, 45. 472-747.

Wright, L. (1988) the type A Behavior pattern and coronary artery disease. American Psychologist, 43(1), 2-14.

Woolfolk, A. (2001).Educational Psychology's (Sth Ed.). Needham Heights, MA: Allyn& Bacon

Zimbardo, P.G. (1986) the Stratford Shyness Project. In W.H. Jones, J.M. Cheek& S.R. Briggs (Eds.) shyness prospective on research and treatment. New York: Plenum Press, 17-26.

Printed in the United States
By Bookmasters